인생을 바꾸는 더 멋진 협상

인생을 바꾸는

더 멋진 협상

신귀례 지음

어 떻 게 돈 을 벌 고 어 떻 게 쓸 것 인 가

크리스천의 부는 전혀 다른 방식으로 찾아온다!

밑 바 닥 을 딛 고 부 를 얻 게 된 기 적 같 은 이 야 기

매일경제신문사

추천의 글

저자는 4세의 어린 나이에 부친의 사망과 어머니의 재가를 겪었다. 덕분에 고아 아닌 고아로 친조부모의 보살핌을 받으며 성장할 수밖에 없었다. 게다가 30대와 40대에 겪은 큰 실패를 이기고 현재는 자산관리사로, 투자가로, 사회사업가로, 그 외 여러 단체의 지도자로 여전히 현역에서 왕성한 활동을 하고 있다. 내가 아는 저자는 새로운 분야에 도전하는 것에 대해 어떤 변명으로도 자신을 위축시키지 않을뿐더러, 매사 정진하는 젊은이의 마음을 가진 사람이다. 게다가 베풀기에 인색하지 않은 어른의 넉넉함도 동시에 지녔다. 학문에 대한 남다른 열정이 현재까지도 멈출 줄 모르는 것을 보면, 저자가 얼마나 인생에 대해 겸허한 자세를 가진 사람인지 알 수 있다.

그는 인생의 고비마다 위기를 기회로 만든 뛰어난 협상가다. 좀체 끝이 보이지 않을 듯한 긴 고통의 시간을 지날 때도 사람에 대한 사랑과 관용을 포기하지 않은 사람이다. 저자가 위기에 대처하는 방법은 몹시 흥미롭다. 자신을 고난 가운데로 밀어 넣은 대상에 대해 '굴복시켜야 할 어떤 객체'로 대하지 않고, 자신과 동일선상의 주체로 여기며 협상테이블로 이끈다. 그 대상은 주로 타인이지만 간혹 저자 자신일 때도 있다. 협상 테이블은 원형이나 편평한 네모가 아니라 삼각형을 이룬 채 우뚝 서 있다. 저자와 대상은 각각 한 선을 잇는 저변의 양끝 점에 있고 두 점을 잇는 선상의 꼭짓점에는 예수 그리스도가 있다.

협상의 목적은 자신의 유익만을 바라는 것이 아니다. 예수 그리스도 가 있는 꼭짓점에 상대와 같이 도달하는 것이다. 이 끝과 저 끝으로 멀기 만 하던 두 사람은 꼭짓점에 점점 가까워지다 마침내 예수 안에서 상생 하고 있다. 그러다 보니 저자의 협상태도는 매우 이채롭다. 자신에게 손 해를 끼친 사람에게 오히려 은혜를 베풀기도 하고, 자신에게 어떤 유익 을 줄 가능성이 전혀 없는 사람들에게 재정적·심적으로 유무형의 투자 를 서슴지 않기도 한다. 마치 자신이 베푼 관용이 자신에게로 선뜻 되갚 아질까봐 선물꾸러미를 슬며시 담장 안으로 던져두고 줄행랑치는 모습 이다. 그러나 놀라운 것은 이렇듯 세상과 역주행하는 저자의 협상태도가 상대의 모질게 엉킨 마음을 순화시키고 마침내 함께 예수가 있는 꼭짓점 에 도달하게 한다는 것이다. 빼기로 더하기를 누르고 나누기로 곱하기를 이기는 희한한 협상방법이다. 그래서 나는 저자를 '역발상 삼각형법 협 상가'라고 칭하고 싶다.

저자는 자신의 삶을 진솔하게 책에 적고 있다. 어려운 시간에 대한 연 민이나 푸념의 흔적이 어디에도 없다. 조부모의 사랑과 시골 들판, 풀 꽃의 아름다움과 부엌 찬장의 단아한 그릇들에 대한 추억으로 고아 아 닌 고아였던 어린 시절을 가득 채우고 있다. 자신의 삶을 예수 그리스도의 시각으로 보고 살았음을 반증하는 것이다. 저자 신귀례의 삶과 탁월한 협상원칙에 빠져 이 책을 읽고 나면, 독자가 만나게 되는 사람은 정작 신귀례가 아닐 것이다. 가장 위대하고 지혜로우며 헌신적으로 모든 것을 바친 최고의 역발상적 협상가, 원수를 위해 자신의 생명을 버림으로 원수가 구원받을 길을 여신 단 한 분, 그 분을 만나게 될 것이다. 그리고 그 분의 손을 잡고 여전히 자박자박 걷고 있는 한 어린 아이를 보게 될 것이다. 그 소녀가 역발상 협상가 신귀례다.

중앙대학교 교수
임병하

어느 협상가의 사랑 이야기

인생은 협상이다. 개인이나 단체, 나라 간 끊임없이 터져 나오는 수많은 분쟁과 갈등을 보라. 협상 없이 이루어진 평화의 자리를 단 한 뼘이라도 찾을 수 있던가? 좋은 전략이 만들어낸 협상이 있을 때 끊겼던 길이 이어지고, 찢어졌던 관계가 회복되는 걸 수 없이 목격한다. 특별히 돈과 관련된 분쟁에서 어떻게 타협하고 무엇을 해결할 것인가의 답을 찾기란 점점 더 어려워지고 있다.

이와 같은 배경은 재정 전문가인 내가 책을 내야겠다고 결심하는 데 큰 동기가 되었다. 강도를 만나 쓰러진 이웃을 볼 때 피하지 않고 달려가 도와주는 자가 진정한 이웃이라는 예수님의 말씀처럼, 재정적 갈등으로 쓰러진 이들의 고통을 결코 눈 감아버려선 안 된다는 일종의 사명의식이 내게도 찾아왔던 것이다.

그렇다면 '다양한 환경과 상황에 처한 독자 개개인에게 어떻게 재정 관련 컨설팅을 하느냐'란 문제가 남을 것이다. 5,000만 우리 이웃들의 형편과 처지가 모두 달라 그 처방전 또한 달라야 할 테니 말이다.

이에 대해 나는 여러 직업에 종사하면서 수많은 상황을 마주했던 나의 적나라한 이야기를 고백하는 것으로 대신하려 한다. 난 얽히고설킨 재정의 실타래를 부여안은 채 인생의 혹한기를 수없이 오갔지만, 그때마다 인간의 계산법을 뛰어넘는 협상으로 엉켰던 실타래를 기적처럼 풀었던 바 있다. 이러한 내 이야기들이야말로 어려운 처지에 놓인 이들에게 약이 될 수 있다고 믿는다.

우리가 익히 아는 대로, 말의 '내용'보다 더 중요한 건 말하는 사람의 '태도'다. 실제로 내가 협상 테이블에 나가보면 협상 내용보다 협상가의 남다른 태도 때문에 상대방이 설득 당하는 걸 수없이 경험했다. 협상가의 명민한 눈빛과, 부드러우면서 확신에 찬 말투, 상대를 존중하는 모습을 보노라면 상대방은 자신도 모르게 협상가에게 설득될 때가 많다. 나는 그러한 남다른 태도가 협상가의 삶 전반에 걸쳐 형성된 인생 스토리에서 배어 나온다고 믿는다.

그런 면에서 좋은 협상가로 살려면 어떤 스펙이나 정보보다 특별한 스토리가 있는 삶을 살아내는 일이 필요하다. 그가 살아낸 스토리야말로 그가 앞으로 어떤 협상을 해낼지를 가늠케 해 주는 생생한 척도라 보기에 충분하다.

오늘도 척박한 삶의 터전 위에서 이 같은 스토리를 써내려가는 이들에게 나의 이야기를 바친다. 지나온 나의 협상 분투기를 통해 '인생은 협상이며, 더 멋진 협상은 기적을 불러온다'는 걸 부디 독자들도 경험하게

되기를 간절히 기도한다.

나는 지금도 삶의 매순간 협상 스토리를 써 내려가고 있다. 자산관리 연구소장으로, 선의재단 운영이사로, 도심재개발 감사로, 유어프렌즈(NGO단체) 대표이사로, 부동산 투자가와 인테리어 사장으로, 건물과 임차인을 관리하는 관리소장으로, 내가 사는 아파트의 입주자 대표회장으로, 그리고 집에서는 엄마와 아내로 살아가고 있다. 그리고 이 모든 일들이 협상 테이블 위에서 이루어짐을 실감하고 있다.

나는 남들보다 특별히 더 좋은 환경 속에서 자랐거나 탁월한 스펙을 소유한 사람이 아니다. 다만 어떤 협상테이블에 나가 누구를 만나도 두렵거나 조바심이 난 적이 별로 없다. 눈빛은 총총하고 가슴은 여유롭다.

인생의 지나온 순간들을 돌아보면 내가 그럴 수 있는 이유는 단 하나, '사랑' 때문임을 알게 된다. 내 인생의 걸음마다에 새겨진 그 특별한 사랑 이야기가 나를 꿈꾸는 자로, 또한 승리하는 협상가로 살도록 이끌어 주었다.

나는 그 사랑 이야기를 이 책에 담고 싶었다. 고아 같은 나를 보석처럼 별처럼 귀하게 가꾸어준 이들과의 특별한 사랑 이야기와 함께, 사랑을 받고 자란 사람은 많은 사람을 사랑하며 살아가게 됨을 이 책을 통해 전하고 싶었다.

부족한 내 삶의 이야기를 통해 사랑이 우리를 꿈꾸게 하고, 사랑이 돈과 관련된 갈등과 분쟁도 해결할 수 있게 하며, 사랑이 모든 협상에서 핵심 되는 가치임을 발견하기를 간절히 소망한다.

하늘을 두루마리 삼고 바다를 먹물 삼아도 다 기록하지 못할 사랑을 내게 베풀어 주신 분들께 이 책을 바친다.

모든 문제의 답은 사랑이었다.

어느 멋진 가을날에
신귀례

11

CONTENTS

축복으로 가는 협상의 원리

PART

1

곤고한 날에는
꿈을 꾸고

꿈꾸는 자는
절망을 이긴다

인생의 내리막길을 사는 법

그즈음 나의 집은 갈멜산 금식기도원이었다. 집회에 참석해 위로를
받은 뒤 뒷산 바위터에 앉으면, 내게 손가락질하던 사람들의 말이 귓가
에 웅웅거려 나는 곧바로 시편 42편을 노래하며 목 놓아 울었다.

> • • •
>
> 하나님이여 사슴이 시냇물을 찾기에 갈급함 같이
> 내 영혼이 주를 찾기에 갈급하니이다
> 내 영혼이 하나님 곧 살아 계시는 하나님을 갈망하나니
> 내가 어느 때에 나아가서 하나님의 얼굴을 뵈올까
> 사람들이 종일 내게 하는 말이 네 하나님이 어디 있느뇨 하오니
> 내 눈물이 주야로 내 음식이 되었도다 [시 42:1–3]

당시 내 나이 사십대 초반. 젊을 때 사서라도 한다던 고생이 어느 정도 결실을 맺으며 안정감을 누릴 만한 시기였다. 하지만 나의 사십대는 전 재산을 잃고 빚더미에 앉아 사람들의 조롱을 받는 밑바닥 자리에 가 있었다.

"나 보고 예수 믿으라고? 그렇게 열심히 예수 믿던 네가 폭삭 망했는데 내가 어떻게 하나님을 믿겠냐? 나는 너 때문에라도 하나님을 믿을 수가 없어!"

펀드매니저로 왕성하게 활동하던 내가 하루아침에 패가망신을 하면서, 나 때문에 가족들까지 고통을 겪는다는 게 참을 수 없는 아픔으로 다가왔다. 그러나 나 때문에 하나님을 믿을 수 없다는 이들의 말을 듣는 것은 그보다 더 큰 슬픔이었다. 하나님의 이름이 나로 인해 수치를 당한다는 것과, 내 삶이 복음을 전하는 데 걸림돌이 된다는 사실 앞에서 내 영혼은 한없이 땅 속으로 꺼져 들어갔다.

내가 그 많은 돈을 잃고 빚까지 지게 된 건 내 욕심과 지혜 없음의 결과였지, 하나님 탓이 아니었다. 그럼에도 사람들은 금식하고 기도하며 사람들을 하나님께로 이끌었던 나의 신앙과, 파산이라는 내 삶의 재정적인 부분을 100퍼센트 연관 지어 생각했다.

형통한 날에는 기뻐하고 곤고한 날에는 되돌아 보라는전7:14 말씀을 따라 지나온 나날들을 돌아보니 더 기가 막혔다. 나 신귀례가 어떤 사람이었던가. 젊었을 때부터 이상하게도 내 손엔 돈이 잘 들어왔다. 그런 나를 두고 어떤 이들은 "돈이 어디서 새어나가고 어디서 굴러오는지 한눈에 볼 줄 아는 사람" 같다고도 했다. 일례로, 중견기업에서 가장 중요한 장부 관리를 워낙 꼼꼼하고 충성스럽게 하다 보니 결혼할 때 아파트 한 채와 퇴직금까지 받는 일도 있었다. 때문에 통장엔 언제나 두둑한 현금을 갖고 있었다. 국가공무원인 남편과 결혼 후에는 경제적으로 더욱 안정을 누리면서 셈에 능하고 이재에 밝은 내 재능을 활용해 펀드매니저로 활동하며 부족함 없이 살았다.

그러던 내가 30대에 한 번 위기를 겪더니, 40대 초반에는 모든 살림을 거덜낸 사람이 되고 말았다. 이번엔 그 규모가 매우 커서 다들 우리가 일어서지 못할 거라고 말했다. 살 집조차 없어진 우리는 시부모님과 큰형님 내외가 사는 32평 아파트로 들어가 살아야 했다. 우리 가족까지 포함, 총 열 명이 한 집에서 날마다 얼굴을 비벼야 하는 시댁살이였다. 내 마음이 쉬어갈 수 있는 자리는 하나님과 독대하는 기도원의 바위터일 수밖에 없었다.

대개 이런 일을 겪으면 경제적 고통만으로 끝나지 않음을 아는 사람은 알 것이다. 당시 친척 중 한 분은 남편이 벌어다주는 돈을 잘못 투자했다가 날렸다는 이유로 강제이혼을 당하기도 했다. 돈 문제라 경제적 고통만 겪으면 될 것 같지만, 현실에선 마치 도미노처럼 인간관계마저 연쇄적으로 깨어지는 일들이 벌어지고 있었다. 빚더미에 올라앉았던 나역시 어쩌면 그런 일을 맞을 수 있다는 위기감에 몸서리쳐야 했다.

천만다행으로 당시 나의 남편은 폭풍 앞에 홀로 서 있는 아내의 편에 온전히 서 주었다. 남편은 시댁 식구들에게 아예 선포해 버렸다.

"이 사람이 한 거라고는 집안을 일으켜 보려고 애쓴 것과 교회에 돈을 갖다 바친 거밖에 없다. 그러니 누구든 이 사람을 탓하면 가만히 있지 않겠다.”

남편의 이런 선언으로 나는 그나마 이혼은 면할 수 있었다. 착하고 성실하지만 믿음이 없었던 남편이 보기에도 아내인 나는 교회에 열심히 돈을 갖다 바치다가 그런 일을 당한 억울한(?) 사람으로 여겨졌던가 보다.

‘그런 남편을 위해, 또 나로 인해 오욕을 당하는 하나님의 이름을 위해 나는 무엇을 해야 할까?’라는 생각으로 기도원 바위터에 엎드리면 내 입술에선 나도 모르게 이런 기도가 터져 나왔다.

“하나님, 저 부자 되게 해 주세요. 저 때문에 하나님을 못 믿겠다는 이들의 말을 도저히 그냥 듣고 있을 수가 없어요. 하나님 아시잖아요? 제가 왜 부자가 되고 싶어 하는지. 하나님 저는 정말로 부자가 되고 싶어요. 제가 이 자리에서 일어선다면 그것은 하나님께서 하시는 일일 테고, 그렇게 돈을 많이 모으면 제가 어떻게 사는지 보시면 될 거 아니에요? 저를 부자 되게 해 주셔서 하나님 원하시는 모습으로 살게 해 주세요.”

부자 되고 싶다는 나의 기도는 절박하고도 뜨거웠다. 그 나이가 되기까지 이미 두 번이나 망한 전력 때문에라도 사업을 해서 부자가 되겠다는 마음을 접을 수도 있으련만, 나는 빈털터리에 빚쟁이까지 되었으면서도 그 꿈을 접지 못했다. ‘하나님 부자 되게 해 주세요. 부자가 되고 싶어요’라는 나의 기도는 기도원 산자락에 자리 잡은 나무들의 밤잠을 날마다 흔들어 깨웠다.

협상의 양 날개, 평안과 확신

맞다. 부자가 되는 건 내 꿈이었다. 혹자는 그리스도인으로서 왜 그리 세속적인 꿈을 꾸냐고 말할지도 모르겠다. 그러나 언젠가부터 내 가슴 속에서 부자가 되고 싶은 열망이 꺼지지 않았다. 나에겐 '돈을 많이 벌어 꼭 해야만 하는 일이 있다'는 믿음이 있었다.

그렇게 몇 달 동안이나 기도했을까. 언제부턴가 부자가 되게 해 달라는 기도를 드리고 나면, 나는 마치 자식을 달라고 기도했던 한나가 제사장 엘리의 기도를 받은 뒤 평안했던 것처럼, 내 마음에도 이미 응답에 대한 확신과 평안이 밀려들어왔다. 그러면 나는 그 평안함을 토대로 하나님 앞에 담대하고도 확신 있게 협상을 하기 시작했다.

"하나님 그런데요, 제가 부자가 되려면 세 가지 은사를 먼저 주셔야 해요. 이 은사를 제게 주시면 하나님 앞에 소원하는 그 길로 갈 수 있을 거 같거든요. 그러니 부자 되기 전에 먼저 은사를 주셔야겠어요."

누가 보면 황당하고 당돌한 기도라 할 수도 있었다. 하지만 당시의 나는 마치 얍복강 나루터에서 하나님의 천사를 붙잡고 씨름하며 "당신이 나를 축복하지 않으면 당신을 보내 줄 수 없다"고 했던 야곱과 비슷했다. 나 역시 두 번이나 쫄딱 망하는 산전수전을 겪고 나서야 '사람이 아무리 애쓰고 힘쓴들 길은 하나님이 내주셔야 갈 수 있고, 복은 하나님께서 주셔야 가질 수 있음'을 뼛속 깊이 깨달은 나였으니까 말이다.

한 번 마음먹으면 무엇이든 하고야 말고, 원하는 바를 얻기 위해서라면 불 속에라도 뛰어드는 내 기질과 성품을 따라, 나는 주님을 믿은 후에도 내 인생의 경영을 나 스스로 했던 측면이 있었다. 재정적인 부분에서는 더 그랬다. 나는 마치 하나님보다 내가 더 전문가인양 내 지혜와 생각을 따라 바쁜 걸음을 옮기는 자로 살았다. 재정적으로 어려워질 때 카드 돌려막기를 해 가며 곧 터지려는 둑을 몇 년 동안이나 내 힘으로 막아보려 했던 일이 한 예였다. 하나님께서 경고하실 때 그대로 멈추어 내려놓았더라면 그토록 어려운 시절을 맞지는 않았을 텐데….

내 나이 사십 즈음에 맞은 파산이라는 폭격 앞에서, 나는 그렇게 내 힘으로 살아왔던 시간들을 돌아보며 내 인생의 주권을 하나님께로 이양하는 작업을 하고 있었다.

그러자 내 속에서 한 가지 꿈이 꿈틀거렸다. 이미 내가 갖고 있었지만 그 속에서 악한 찌꺼기를 털어내고 다시 태어난 꿈. 내 힘으로 이룰 수 없기에 하나님의 도우심을 구하며 결재가 떨어지기를 바라고 또 바랐던 꿈. 안양의 갈멜산 기도원 바위터에서 나는 그 꿈을 아뢰며 하나님 앞에 매달리고 또 매달렸다. 꿈을 이루기 위해 세 가지 은사를 간구하며 죽기 살기로 기도했다.

내가 첫 번째로 구한 것은 꿈 해몽의 능력이었다. 나는 당시 애굽의 총리였던 요셉 같은 사람이 되고 싶었다. 1990년대 초반이라 아직 여자 팀장이나 리더의 개념이 희미한 때였음에도 나는 성경을 읽을 때마다 요셉의 이야기에 유독 가슴이 뛰었다. 훗날 다중지능검사에서 나온 대로, 내가 전체를 통괄하고 관할하는 지도자형이었기 때문인지도 모르겠다. 어쨌든 나는 빈털터리가 된 40대 중년의 여자로서는 보기 드물게 요셉을 운운하며 꿈 해몽 은사를 달라고 하나님께 구했다. "그 은사를 주셔야 제가 요셉처럼 살 수 있지 않겠습니까"라는 게 그 이유였다.

두 번째 구한 것은 영 분별 은사였다. 그때까지도 나는 누군가를 만나면 상대방의 장점부터 한눈에 들어왔고 그 장점을 귀하고 크게 생각하며 사람을 대했다. 덕분에 나의 인간관계는 풍성하고도 따뜻했지만, 문제는 사기꾼을 만날 때였다. 사기꾼도 한두 가지 장점은 있기 마련이다. 나는 사기꾼인 줄도 모르고 그가 가진 장점만을 귀하게 여기며 만남을 이어가다가 된통 사기를 당하는 사람이 되기도 했다.

"하나님, 제게 돈을 주시기 앞서 사람을 볼 수 있는 눈을 주세요. 저는 상대방 속을 알 수 없는 사람입니다. 영 분별 은사를 주셔서 누구와 어느 정도 협력하며 함께 가야 할지를 알게 해 주세요."

세 번째 구한 은사는 방언 통역의 은사였다. 뜨겁게 신앙생활을 하던 당시, 나는 방언 통역의 은사로 어려움에 처한 이를 돕는 사람을 본 뒤부터 그 은사를 사모했다. 이 역시 어려운 처지에 빠진 이를 보면 어떻게든 돕고 싶어 하고 도와야만 하는 내 성격에서 비롯된 일이었다.

돌아보면 당시의 나는 현실적으로 구해야 할 게 한두 가지가 아니었다. 그럼에도 나는 현실의 아득함을 모르는 사람처럼, 기도의 자리에만 앉으면 앞으로 이렇게 저렇게 살고 싶다는 나의 꿈만을 집중적으로 아뢰었다. 그리고 하나님께선 그때 구한 세 가지 은사 중 두 가지에 응답하시며 내가 소망하는 삶을 향해 전진하도록 이끄셨다.

만약 그때 내가 하나님 앞에 꿈꾸지 않았다면 잿더미가 된 그 자리에서 나는 무얼 할 수 있었을까? 사람은 어떤 처지에 놓여 있든 소망이 있어야만 일어서는 법이다. 특히나 사방에서 압박을 당할수록, 어디에도 길이 보이지 않는 사면초가에 놓일수록 간절한 꿈과 소망을 붙잡아야 산다. 영혼의 절망이 극심하면 사람은 칼이 닿기도 전에 낙담으로 숨질 수도 있는 존재이기 때문이다.

그래서 나는 어려운 이들을 만날 때면 "당신이 꿈꾸는 것은 무엇인지" 부터 캐묻는다. "재난을 당하고 폭격을 당해도 절대로 포기할 수 없는 꿈이 있냐"고 묻기도 한다. 그런 후에는 우리를 죽음에서 생명의 길로 인도하시는 하나님께로 인생의 주권을 옮겨서, 그 꿈을 이루기 위한 걸음걸음마다 그분의 인도하심을 받으라고 권한다.

내가 그때 그랬다. 나는 시편 42편을 노래하며 하나님을 소망하고 꿈을 꾸었다. 숨 쉬는 대기 중에 절망의 공기만이 나를 둘러싼 것 같았던 그때, 대기 중 절망의 미세먼지 농도가 너무 짙어서 더 이상은 호흡하며 앞을 헤쳐 나가기 어려울 것 같아 보였던 그때, 나는 기도를 들으시는 하나님께 나의 간절한 소망을 쏟으며 그 시절을 견뎌 나갔다. 하나님을 소망함이 나를 버티게 하는 유일한 힘이었다.

> ● ● ●
> 내 영혼아 네가 어찌하여 낙심하며
> 어찌하여 내 속에서 불안해 하는가
> 너는 하나님께 소망을 두라 그가 나타나 도우심으로 말미암아
> 내가 여전히 찬송하리로다 [시 42:5]

할머니, 나의 할머니

나는 왜 그토록 부자가 되고 싶었을까? 그런 꿈이 자라도록 맨 처음 내게 물을 주고 거름을 준 이는 누구였을까?

이 질문을 던지다 보면 여러 사람 여러 장소가 떠오르지만, 그 중에서도 전라북도 옥구군에 위치한 할머니 댁에 가장 먼저 생각이 머문다. 봄이면 논밭 길섶마다 어린 쑥이며 아기진달래가 곱게 피어나고 가을이면 벼 탈곡하는 타작 소리에 온 마을이 함박웃음을 짓던 동네. 앞산 뻐꾸기 울음소리를 듣다 공연히 눈물짓기도 하고, 그러다 할머니 집 바로 뒤편에 위치한 회현저수지로 뛰어가 어린 나의 허벅지만한 가물치와 꼼장어를 잡으며 호기롭게 웃었던 일들도 파노라마처럼 떠오른다.

그러나 이 모든 그림들보다 더 아름다운 모습으로 내 가슴에 남아 있는 풍경은 할머니의 삶 그 자체다. 할머니의 삶을 보고 듣는 동안 나는 무의식중에 할머니 같은 사람이 되고 싶어 했던 것 같다. 금고에 많은 돈을 쌓아두기만 하는 구두쇠 부자가 아니라, 할머니처럼 가진 걸 풀어서 배고픈 이들에게 좋은 밥상을 차려주는 멋진 부자로 살고 싶다는 꿈을 이미 그때부터 꾸고 있었던 것이다.

그런 꿈을 꾸게 해 준 할머니 집으로 들어가 살게 된 시기는 내 나이 네 살 때였다. 아버지가 고혈압으로 돌아가시고 어머니가 재가를 하시자, 친할아버지와 할머니는 나와 남동생을 그 품 안으로 불러들였다.

어린 내 눈에 비친 할머니 집은 여느 시골집과는 여러 모로 달랐다. 정갈한 그릇들 위에 담긴 맛있는 음식과 하도 닦고 닦아서 언제나 반질

반질하던 마루, 미리 다리미로 다려놓은 듯 반듯하게 널려진 새하얀 빨래들, 한 번도 오물통에 처박힌 적 없이 선반 위에 깔끔하게 정돈되어 있던 부엌의 반짝이던 그릇들. 당시 여학교까지 진학해 공부했다던 할머니의 교양과 품위는 거친 시골살이에도 그렇게 조용히 빛나고 있었다.

신 씨 일가가 모여 살던 마을에서는 그런 할머니를 두고 '대모님'이라 부르며 무언의 존경을 표했고, 군에서는 '훌륭한 어머니상'을 수여하기도 했다.

내가 할머니에게 매료되었던 것은 할머니의 살림 솜씨 때문만은 아니었다. 가까운 가족부터 시작해 이웃에 이르기까지, 누구라도 귀한 사람으로 대접해주시는 할머니의 모습 속에서 나는 달빛과 같은, 때로는 햇빛과 같은 반짝거림을 보는 것 같았다.

우선 할머니는 남편인 할아버지에게 더없이 훌륭한 아내였다. 당시 중풍으로 쓰러져 길어야 3년밖에 못 사신다던 할아버지를 위해 할머니는 온 동네 사람들이 입을 모아 칭송할 정도로 극진하게 간병하셨다. 꽤 많았던 전답을 팔아가며 할아버지의 몸에 좋다는 약은 물론 몸보신을 위한 음식을 매끼마다 해 드린 덕분인지 할아버지는 16년을 더 살다 돌아가셨다. 하지만 할머니는 오랫동안 병수발을 하게 하신 할아버지에게 원망을 쏟아놓거나 약값으로 사라져버린 전답을 아깝다 말씀하는 법이 없었다.

나를 향한 할머니의 사랑도 언제나 극진하셨다. 남아선호사상이 강한 시대였음에도 할머니는 어린 손녀딸인 나를 온 우주의 주인공인양 대하고 계셨으니까. 어린 내가 철없이 행동할 때도 웬만하면 이웃집에서 하

는 대로, "이 가시내야, 너 할미한테 한번 맞아볼래?"라며 소리를 칠 수
도 있었으련만 할머니는 그런 적이 없으셨다. 가르침이 필요할 때면 어
린 나를 앉혀놓고 조목조목 하나하나 알려주실 뿐. 그러다가도 손님이
찾아오면 "조금 있다가 얘기하자, 귀례야" 하며 말을 멈추셨다. 키우는
강아지조차 주인이 "이놈의 강아지!" 하며 눈을 부라리면 남들도 업신여
기며 "저놈의 개새끼"라고 하는 법이다. 내 새끼를 남들 앞에서 함부로
야단칠 수 없다는 게 할머니의 일관된 논리였다.

그래서인지 할머니의 가르침은 내게 엄청난 권위로 다가왔다. 지금까
지도 그때 들려주신 할머니의 가르침을 잊지 않고 평생의 가르침으로 삼
아 살아가는 것은 그 때문이다.

게다가 할머니는 언제나 내게 '최고의 밥상'을 차려주는 분이었다.

"귀례야, 너는 아주 귀한 애다. 그러니 먹는 것도 찌그러진 건 먹지 말
고 좋은 것만 먹어라. 이거 네 것만 제일 좋은 걸로 차려놓은 밥상이니께
얼릉 먹어라."

돼지와 닭은 물론 감나무며 살구나무, 대추나무와 앵두나무까지 키
웠던 할머니 댁에선 제사나 집안잔치가 자주 열렸다. 그때마다 할머니
는 그 중 가장 예쁘게 부쳐진 전과 고기, 가장 탐스런 과일들을 미리 챙
겨 날 위한 밥상을 차려놓으셨다. 이따금씩 작은삼촌이 할아버지 댁으
로 찾아오는 날에도 할머니는 나를 작은삼촌과 겸상하여 잘 차려진 밥
을 먹도록 하셨지, 어린 여자아이라고 부엌에서 쪼그려 먹게 하는 법이
결코 없으셨다.

아마도 그런 밥상을 받아먹으며 자라서일 것이다. 당시에도 나는 엄

마, 아빠가 없다는 생각에서 오는 위축감을 느껴본 적이 없었다. 오히려 나는 대통령 궁에서 자란 사람인양 자존감이 충천해서 누구 앞에 선들 위세가 당당했다.

그 위세가 얼마나 컸던지 한 번은 친구들과 어울려 놀다가 "너는 엄마, 아빠도 없지?"라는 친구의 놀림에 곧바로 돌진해 그 친구와 싸움을 하기도 했다. 싸움은 팽팽했다. 나보다 훨씬 몸이 좋았던 친구는 나를 제압해 목이 안 돌아갈 정도로 내 목을 누르고 머리카락을 뽑아놓았지만 당하고만 있을 내가 아니었다. 그럴 때를 대비해 길러놓았던 손톱으로 나는 친구의 얼굴을 다 할퀴어 놓았다. 물론 친구 간의 폭력이 정당하다는 뜻은 아니다. 다만 나의 핸디캡을 공격하는 철없는 친구의 말을 들은 그 순간에도 내 마음이 샐쭉해지며 슬픔 속에 침잠되기보다는 '나한테는 너에게 없는 이런 할머니가 있다! 어쩔래?'라는 당당함이 내 안에 솟구쳤음을 말하고 싶을 뿐이다.

할머니에 대한 긍지와 사랑은 그 후에도 계속되어, 한번은 이런 일도 벌어졌다. 우리가 살던 집 가까이에는 내 친구 J네가 살고 있었다. 그런데 가을바람이 선선하게 불어오던 어느 날, 나는 그 친구 집에 씩씩거리며 기어들어가 두둥실 열린 그 집의 박 스무 개에 전부 말뚝을 박아버렸다. 먹을 것이 귀했던 당시라 박이 익으면 박 속도 긁어먹고 바가지를 말려 장에 내다 팔기도 하던 시절이었다. 말하자면 나는 한 해 동안 지은 J네 박 농사를 한꺼번에 망쳐놓았던 것이다. 이를 본 J네 엄마가 가만있을 리가 없었다. 나를 발견하자마자 내 몸을 딱 안아 결박하고는 우리집으로 향했다. 이를 보신 할아버지와 할머니는 깜짝 놀라 물었다.

"아이고, 웬일이세요? 어여 울 애기부터 내려놓으세요."

"아니 귀례가요, 우리 집 박에다가 전부 말뚝을 박아버렸어요."

J네 엄마의 고소에 할아버지는 선비답게 곧바로 사과부터 하셨다.

"허어, 우리 귀례가요? 저런, 미안하게 되었구려. 그거 우리가 다 물어드리리다. 걱정 말고 우리 귀례 내려놓고 돌아가세요."

그렇게 사건이 일단락된 뒤에 놀러왔던 동네 사람들도 다 집으로 돌아가자 할머니가 내게 물었다.

"귀례야, 왜 그랬니? 왜 J네 박에 말뚝을 박았니?"

"응, J네 엄마가 할머니한테 뭐라고 안 좋은 말을 하는 것 같아. 그래서 내가 화가 나서 그래버렸어."

"아이고 그랬구나. 그런데 다음부터는 그러지 말아라. 그러면 우리가 물어줘야 허잖니? 화가 난다고 남한테 해를 끼치면 우리도 결국 손해를 보는 거야. 우리 귀례, 앞으로도 남한테 해 되는 짓은 하지 말아라."

"네, 할머니."

철없던 시절의 이야기지만 이 모든 사건들은 내가 어떤 성격의 아이였는지, 할머니가 그런 내게 어느 정도로 자존감을 갖게 해 주셨는지를 단적으로 알게 해 주는 추억이라 잊을 수가 없다.

할머니의 영향 아래 살았던 이야기는 이 외에도 한두 가지가 아니다. 어린 시절뿐 아니라 어른이 된 뒤에도 나는 주욱 할머니의 영향권 아래서 살아가고 있으니 말이다.

언젠가 사기를 당한 일로 재판정에 섰을 때였다. 나는 남들이 다 덜덜 떤다는 판사 앞에서 선임한 변호사를 제쳐놓은 채 "판사님, 그건 이렇고

저건 저렇습니다" 하며 스스로를 변론한 적이 있었다. 그러자 선임변호사는 "당신처럼 법정에서 안 떠는 사람은 처음 본다"며 "차라리 당신이 변호사를 하면 어떻겠냐"는 농담을 하기도 했다. 그 농담에 변호사와 함께 하하 웃던 나는 문득 내 기억 저편에 저장해둔 말을 떠올리게 되었다. "귀례야, 이 다음에 네가 사회에 나갔을 때도 옳은 말을 해야 할 때는 그게 설령 대통령 앞이라 할지라도 눈을 똑바로 쳐다보고 말해야 한다. 너는 귀한 사람임을 잊지 말고."

그 순간 나는 문득 궁금해졌다. 어째서 나는 할머니가 떠난 지 수십 년이 지났음에도 나 스스로를 특별한 존재라 여기며 살아가고 있는지. 이에 대한 답을 찾는 데는 오랜 시간이 걸리지 않았다. 나를 위해 차려주시던 '할머니표 밥상' 덕분이었다. 할머니 말씀대로 나 자신이 귀한 사람이라 믿게 되었고, 그런 사람이라면 마땅히 할머니의 귀한 가르침을 따르며 살아야 한다는 생각이 들 수밖에 없었다.

지금으로부터 20여 년 전에도 그랬다. 파산을 맞아 기도할 힘조차 잃었을 그때, 내 의식의 저편에서는 그 밥상이 떠오르고 있었다. 그러자 이대로 주저앉아 있어선 안 된다는 의지가 불끈 생기며 하나님께 목 놓아 부르짖게 되었다. "하나님, 부자되게 해 주세요. 그래서 그 옛날의 나처럼 오갈 데 없는 이에게 최고의 밥상을 차려주는 사람이 되게 해주세요"라고. 누구를 만나든 어떤 상황에 처하든 할머니표 밥상은 나를 일어서게 하는 바탕이요 동기였다.

먼저 먹여라

2009년의 일이다. 어린 시절부터 배움에 열의가 많았던 나는 매일경제에서 주관하여 3일 동안 열리는 '세계지식포럼'에 참가한 적이 있다. 해마다 열리는 이 포럼에서는 세계 최고의 비즈니스 리더와 유명 기업 CEO들, 국내외 정치인들과 석학들, 세계 경제 전문가와 국제기구 총수 등이 참여해 급변하는 세계정세 속에서 우리가 습득하고 대처해야 할 첨단 지식을 공유하는 시간을 갖는다.

2009년 당시에도 이 대회의 명성에 걸맞게 부시 전 미국 대통령과 노벨 경제학상을 받은 폴 크루그먼 교수, 세계적 부호인 잭 웰치와 투자의 귀재로 알려진 짐 로저스 등이 연사로 참여했다. 물론 나는 이때도 조지 소로스는 물론 10년간 4,200%의 수익률을 올린 미국 월가의 전설 짐 로저스를 만나 함께 사진을 찍는 등 예의 그 빛나는 자존감을 나타내 보였다.

아침부터 저녁까지 3일 동안 진행된 강의들은 모두 주옥같아서 나는 부지런히 노트에 정리하며 머릿속에 새겨 넣었다. 그 중에서도 프랑스 인시아드 석좌교수인 장 클로드 라레슈의 경영학 강의는 두고두고 잊을 수가 없다. 세계적 석학이 전하는 강의 내용에서 그 옛날 귀에 못이 박이도록 들었던 할머니의 가르침을 발견했기 때문이었다.

라레슈 교수는 경영학 중에서도 '협상학'을 매우 중요하게 다뤘다. 회사의 일뿐 아니라 교육과 관계 등의 모든 측면을 경영이라 한다면, 가족 경영, 교회 경영, 친구 경영에 있어 이 '협상의 원리'를 잘 적용해야만 모든 경영에 성공할 수 있다고 했다. 가령 부모의 말을 듣지 않고 어긋한

길을 가는 아이를 대할 때도 부모는 먼저 좋은 협상의 기술로 다가서야 아이와의 관계 경영을 바로 할 수 있다는 얘기였다.

그렇게 협상의 중요성을 먼저 설파한 뒤에는 다음과 같은 결론을 내렸다.

"경영에서 협상은 이토록 중요합니다. 그러면 그런 협상학에서 가장 중요한 원리가 무엇일까요? 협상의 첫 번째 원리, 그건 바로 '먼저 먹여라!'는 것입니다"

이 부분에서 나는 깜짝 놀라고 말았다. 세계 석학이 오랜 세월 협상의 중요한 원리로 연구하여 내놓은 결론이 "먼저 먹여라"라니. 라레슈 교수는 이어 다음의 이야기를 들려주었다.

"한국에 와서 내가 어느 시장 거리를 나가봤어요. 가게를 구경하려고 주욱 지나가다 어떤 가게에 들렀더니 주스 하나를 건네주더군요. 안 먹는다고 거절하는데도 가게 주인은 마시라고 하며 계속 그 음료를 건네는 거예요. 할 수 없이 그걸 받아먹으며 나는 생각했어요. '나는 오늘 쇼핑하러 온 게 아니고 한국의 가게를 구경하러 왔다. 그리고 나는 협상의 전문가니까 결코 장사꾼들에게 넘어가지 말고 구경만 하고 나가자.' 그런데 이상한 일이 벌어졌어요. 주스를 받아먹은 그 가게에서 나는 어느덧 물건을 사갖고 나오고 있는 거예요."

물건을 팔 때든 관계를 이어갈 때든 사람의 마음을 움직이는 제1원리가 이처럼 '먼저 먹이는 데 있다'는 강의 내용에 참가자들은 웃음을 터트리며 동의를 표했다. 나는 그 강의 내용이 수십 년 전 할머니에게서 들었던 가르침과 100퍼센트 일치한다는 점에서 감동이 배가될 수밖에 없었다.

"귀례야, 앞으로 네가 살아가면서 꼭 지켰으면 하는 세 가지가 있는데, 그 중 첫 번째가 뭔지 알어? 누구에게든 꼭 뜨거운 밥을 대접하는 사람이 되었으면 하는 거란다. 혈육이든 피가 안 섞인 사람이든 사람과 사람이 정을 붙이려면 먼저는 뜨신 밥을 정성껏 차려 주는 사람이 되어야 허는겨. 사람을 살리기 위해서도 먼저 밥을 먹여야 허고, 상대방에게 뭘 얻으려고 해도 먼저 밥을 먹여야 돼. 그것도 진심이 담긴 밥, 네가 해 줄 수 있는 최고로 좋은 밥을 먹이는 게 아주 중요혀. 만약 네 곁에 죽일 죄인이 있어도 너는 일단 그에게 밥은 주고 죽게 해야 헌단다. 마음을 전하는 순서에서 먹이는 것은 그만큼 첫째라는 거여."

할머니는 이 말씀을 그저 입으로만 하시지 않았다. 그 옛날 할아버지 집으로 손님이 찾아오거나 마을 어귀로 거지가 찾아올 때도 갓 지은 따순 밥을 지어 대접하는 분은 언제나 우리 할머니셨다.

더구나 할머니는 '사람 경영'의 원리를 배우기라도 한 것처럼, '먼저 먹이'라는 이 협상의 원리로 그 힘든 농삿일을 다 해내셨다. 농삿일에서 가장 어렵다는 '일꾼들 모으기'를 할 때마다 할머니는 협상의 대가다운 면모를 발휘하셨던 것이다. 지금도 비가 오는 날이면, 비가 온 직후에야 온 마을을 돌아다니며 즉흥적으로 일꾼들을 모으던 할머니의 모습이 떠오른다. 할머니는 씨를 뿌릴 때든 잡초를 뽑을 때든 농촌에서 일해야 할 가장 최적의 때는 비 오고 난 직후라고 말씀하셨다. 비 온 뒤 땅이 적당하게 촉촉할 때야말로 농사 효율이 가장 좋게 나온다는 거였다.

그래서인지 할머니는 일꾼들을 미리 맞춰놓지 않으셨다. 오전에 비가 오면 오후에 동네를 한 바퀴 돌며 사람을 모으고, 밤늦게 비가 오면 새벽같이 일어나 동네를 한 바퀴 돌곤 하셨다. 다른 집들은 미리미리 일꾼들을 맞춰놓지 않으면 일할 사람이 없어 난리법석인데, 신기하게도 우리 집만큼은 할머니가 필요한 때 도움을 요청하면 그 즉시 일꾼들이 모여들었다. 심지어 어떤 이들은 할머니의 요청이 있을 때마다 예약되어 있던 다른 일을 포기하고 할머니의 논으로 자청해서 달려올 정도였다.

비결은 역시나 '할머니표 밥상'이었다. 할머니는 '하루 삯을 주었으니 점심밥 정도야 대충 먹여도 그만'이라는 생각을 하는 법이 없었다. 누구도 그 맛을 흉내 내지 못할 할머니표 고추장과 김치, 갓 지어 따끈따끈한 흰 쌀밥과 푸짐한 고기반찬 등을 일꾼들을 위해 준비하셨다.

아마도 일꾼들은 할머니의 점심상을 받아먹을 때마다 첫째로 그 맛에 감탄했으리라. 그리고 자신들을 귀하게 대접하려는 할머니의 마음을 느끼며 두고두고 감동했을지도 모른다. 그러니 할머니의 논에서 일하는 일꾼들은 언제나 충심을 다해 일할 수밖에 없었다.

성경에서도 이와 비슷한 이야기가 나온다. 부활하신 예수님께서 제자들에게 중요한 사명을 맡기는 일이 기록된 요한복음 21장이다. 본문에서 베드로를 비롯한 예수님의 제자들은 아직 사명을 받기 전이라 그런지, 예수님의 부활 소식을 들었음에도 불구하고 앞으로 무얼 해야 할지 몰라 우왕좌왕하는 모습을 보인다. 예수님을 따르기 위해 자신의 생계수단인 고깃배마저 버리고 주님을 따랐던 베드로조차 다른 제자들과 얘기하다가 갑자기 "나는 이제 물고기나 잡으러 가겠다"며 배를 저어 바다로 나가버린다. 아마 이때까지만 해도 베드로는 예수님의 십자가 죽음과 부활의 정확한 의미를 아직 제대로 이해하지 못했던 것 같다. 어쩌면 그는 자포자기하며 예수님을 만나기 전에 가졌던 생업의 현장으로 되돌아 갔는지도 모른다.

그럼에도 시몬 베드로와 다른 제자들은 전직 어부라는 직업이 무색하게 그 밤에 한 마리의 물고기도 잡지 못했다. 날이 샐 무렵에야 부활하신 주님께서 나타나 "그물을 배의 오른편에 던지라 그리하면 잡으리라" 말씀하셨고, 그 음성대로 순종하고서야 베드로는 물고기를 153마리나 잡아 올렸다. 그러자 베드로는 "그물을 배 오른편에 던지라" 말씀하신 이가 주님이라는 요한의 말을 듣고 곧장 겉옷을 두른 채 바다로 뛰어내리고 만다.

베드로는 왜 부활하신 주님의 등장에 바다로 뛰어내려야 했을까? 어쩌면 부활하신 예수님을 만난다는 주체할 수 없는 기쁨 때문일 수도 있지만, 사실은 주님 볼 면목이 없어 고개를 들지 못했을 가능성이 크다. 그 순간 베드로는 예수님께서 잡히던 날 닭 울기 전에 세 번이나 주님을 부인했던 일을 떠올리고 있었을 테니까.

하지만 예수님께선 그런 베드로에게 주님의 일을 맡기길 원하셨다. 땅 끝까지 이르러 주님의 증인이 되기를 기대하셨다. 그리고 그 막중한 일을 맡기기에 전에 먼저 다음과 같은 일을 하셨다.

● ● ●
예수께서 이르시되 와서 조반을 먹으라 하시니
제자들이 주님이신 줄 아는 고로 당신이 누구냐 감히 묻는 자가
없더라 예수께서 가셔서 떡을 가져다가 그들에게 주시고
생선도 그와 같이 하시니라 [요 21:12-13]

예수님께서는 제자들을 위해 먼저 친히 아침 식사를 차려주셨다. 베드로에게 "나를 사랑하느냐? 내 양을 먹이라" 말씀하시기 전에 먼저 베드로를 먹이셨다. 제자들에게 "땅 끝까지 가서 참된 양식인 하나님의 말씀을 전하라"고 당부하시기 전에 먼저 떡과 고기를 먹여주셨다.

아…. 나는 이 본문 말씀을 읽다가 무릎을 쳤다. '주님께서도 사명을 맡기시기 전에 밥상부터 먼저 차려주셨구나. 그 밥상으로 그들에 대한 주님의 마음을 먼저 전하셨구나.'

선교지로 나간 그 많은 선교사들이 복음을 전하기 앞서 왜 그토록 빵을 전하는 일에 힘쓰는지 나는 그때 알 것 같았다. 그러자 "무슨 일을 하든 먼저 뜨신 밥부터 먹여야 한다"던 할머니의 가르침도 영적으로 해석이 되었다. 사실 할머니는 그러고 오랜 뒤에야 성당에서 처음으로 복음을 들은 분이다. 하지만 하나님께서는 할머니를 통해 요한복음 21장의 예수님 모습을 본받는 사람이 되라는 메시지를 내 어린 날부터 귀에 못이 박이도록 들려주고 계셨다는 생각이 들었다.

맞다. 그래서 나는 교통비조차 없어 쩔쩔매던 20여 년 전에도 갈멜산 바위터에 엎드려 내 마음에 타오르는 소원을 하나님께 아뢰고 있었다. 당신의 기쁘신 뜻을 위하여 우리 마음에 소원을 두고 행하게 하시는^{빌2:13} 하나님의 섭리 안에서 나는 나의 간절한 꿈과 소망을 아뢰었다. "하나님 나는 그 일이 정말 하고 싶어요. 배고픈 이들에게 쌀을 사서 보내고 반찬거리를 사서 보내는 그 일을 할 거예요. 부디 나를 부자 되게 하셔서 그 일을 할 수 있게 해 주세요"라고.

축복의
토양으로 가려면

축복을 주시기 전에

현실적으로 보면 나의 사십대는 비상구가 없어 보였다. 그러나 쉽게 탈출구를 못 찾은 것이 어떤 면에선 축복이었다. 사방팔방이 막히고 보니 위를 바라보게 되었고, 그분이 비추시는 빛 아래에 서자 나의 죄인됨과 그분의 구주되심을 밝히 보게 되었기 때문이다. 그 '보게 됨'이 훗날의 나를 만들었으니, 돌이켜 생각해 보면 나의 사십대야말로 하나님의 은혜의 빛 가운데 충만히 거하던 영적 황금기라 할 수 있다.

● ● ●

우리가 그에게서 듣고 너희에게 전하는 소식은 이것이니 곧 하나님은 빛이시라 그에게는 어둠이 조금도 없으시다는 것이니라 [요일 1:5]

나는 막다른 길에 서보기 전까지는 하늘의 신령한 은혜만을 목마르게 사모하지 못했다. 그럴 새도 없이 바삐 살았다는 게 핑계라면 핑계였다. 나는 예수님을 믿은 후부터 현실적으로 구해야 할 게 너무 많은 사람이었다. 내 손에 재물을 주셔서 더 많이 베풀 수 있게 해 달라거나 어려움에 처한 교구 식구들의 문제를 해결해 달라고 기도하느라 여념이 없었다. 나처럼 바쁘게 살며 교회 봉사를 열심히 한 사람이 또 있었을까? 물론 그 모든 봉사와 기도는 필요한 일이었고 그때의 충성을 하나님께서 받으셨으리라 믿는다.

하지만 내 걸음과 기도의 많은 내용이 땅에 속한 무언가를 해결해 달라는 식으로만 채워졌다는 건 위험한 일이었다. 무언가를 얻기 위해 하나님을 찾았을 뿐 진정한 그리스도인으로 거듭나기 위해서, 내려놓기 위해서 하나님 한 분만을 목마르게 구해본 적이 별로 없었다. 말하자면 나는 내적 성찰과 외적 성취 사이의 균형이 깨어진 상태였다.

모든 것이 산산이 부서진 상태임을 알고 나서야 무언가를 해내려고 기도하기 이전에 구해야 할 게 있음을 깨달았다. 나를 새로운 사람으로 태어나게 하실 수 있는 하나님을 간절히 구해야 했다.

나는 그동안 모든 사람이 죄를 범하였으매 하나님의 영광에 이르지 못했다는롬 3:23 말씀을 너무도 잘 알고 있었다. 그러나 나 자신이 바로 그 희망 없는 인간의 전형적인 존재임은 잊고 살았다. 예수 안 믿는 다른 사람들이 하루 빨리 예수 믿고 거듭나야 한다고만 기도했지, 이미 예수 믿은 나부터가 예수님의 보혈로 날마다 새로워져야 할 존재임을 잊을 때가 많았다.

내가 새롭게 되는 게 먼저였다. 그래야 꿈을 이루게 해 달라는 내 기도에 하나님께서 응답하실 수 있었다.

우리가 축복을 구할 때, 하나님께서 하시는 일이 무엇이던가? 그분은 먼저 우리 자신의 토양부터 바꿔놓으시는 분이다. 우리 그릇을 채워주시기 전에 그 그릇을 먼저 깨끗하게 씻으라 말씀하시는 분이시다. 돌아보면 나의 사십대는 그런 하나님의 손길로 가득 찬 시간이었다.

> • • •
>
> 큰 집에는 금 그릇과 은 그릇뿐 아니라 나무 그릇과 질그릇도 있어
> 귀하게 쓰는 것도 있고 천하게 쓰는 것도 있나니
> 그러므로 누구든지 이런 것에서 자기를 깨끗하게 하면
> 귀히 쓰는 그릇이 되어 거룩하고 주인의 쓰심에 합당하며
> 모든 선한 일에 준비함이 되리라 [딤후 2:20-21]

경제적 고통에 처했던 그 시절, 내 주머니에는 교통비마저 없었다. 끊임없이 무언가를 배우며 사람들을 만날 때 세계를 고찰하는 눈이 떠지고 사업에 대한 영감을 얻었던 나는, 이런 현실로 인해 손발이 꽁꽁 묶인 것만 같았다.

고민 끝에 아르바이트를 하기로 했다. 아침 9시부터 오후 2시까지 하는 도시락집의 주방 보조 일을 구했다. 다섯 시간 동안 밥을 푸거나 새우나 전 등을 튀겨내는 일이었다.

나는 천성적으로 여러 가지 일을 지시하고 아이디어를 내며 관리하는 일이 맞는 사람이었다. 그런 내가 남의 수하에서, 그것도 단순노동을 반

복적으로 오래 하는 일을 하려니 힘들 수밖에 없었다. 하지만 그런 걸 따져가며 일할 만한 상황이 아니었다. 주신 것에 감사하자는 다짐을 하며 날마다 도시락집으로 출근했다.

그러나 일을 하면 할수록 두 가지가 나를 힘들게 했다. 하나는 몇 시간 동안 튀김 요리를 하다보면 공기 중 튀어 오른 기름과 열기로 인해 눈을 뜨기가 힘들었다는 점이다. 그 때문이었는지 나중에는 햇빛을 보기만 해도 눈물이 줄줄 나왔다.

또 한 가지는 오전에 4시간 동안 꼬박 일한 뒤에 급히 점심을 먹고 나면 식곤증이 밀려와 제대로 일할 수가 없다는 점이었다. 팔, 다리, 어깨, 허리가 얼마나 노곤한지 만사 제쳐두고 딱 30분만 잤으면 싶었다. 하지만 주인은 30분은커녕 10분도 내주지 않았다.

"아줌마, 뭐하고 계세요? 와서 얼른 설거지 해야지."

"네? 네. 알겠습니다."

주인의 호출이 떨어지면 나는 무거운 몸을 일으켜 개수대로 달려가 설거지를 했다. '아이고, 조금만 쉬게 해 주지….' 다섯 시간으로 계약했으니 다섯 시간을 꽉 채워 일하는 건 기존 내 논리로 봐서도 당연한 일이었다. 그러나 천근만근 무거워지는 몸을 안고 일하다 보면 마음속에서 자꾸만 힘든 소리가 터져 나왔다.

그러기를 며칠. 점심을 먹은 뒤 밀려오는 졸음을 쫓아내며 설거지를 하다가 한 가지 장면이 퍼뜩 머리를 스쳤다. 아르바이트를 하기 몇 달 전까지 아무렇지 않게 지속되던 우리 집 일상의 한 장면이었다.

국가공무원인 남편이 꼬박꼬박 가져다주는 월급에 더해 나까지 적지 않게 벌었던 우리 집에선 가사도우미는 물론 요리사도 따로 두고 있었다. 그 요리사가 얼마나 일을 잘했던지 만두는 물론 마요네즈, 케찹 같은 소스류도 내가 원하기만 하면 직접 만들어서 별별 음식을 척척 내 왔다. 어려서부터 맛있는 음식에만 길들여진 내 입맛에 잘 맞을 정도면 꽤나 실력 있는 요리사라 할 수 있었다.

당시 교회에서도 교구장으로 활동 범위가 넓었던 나는, 목회자들이나 교회 지체들을 섬기고 싶을 때면 이 요리사를 불러 사람들을 집으로 초대해 한바탕 잔치를 벌이기도 했다. 그렇게 기분 좋게 잔치가 끝나고 나면 요리사는 잠시 앉아 커피를 마시며 휴식을 취했다. 그런데 그 모습을 보는 내 마음이 왜 그리 언짢았던지. 대놓고 뭐라고 하진 않았지만 '식사를 했으면 응당 일을 해야 할 게 아닌가?'라는 못마땅한 마음이 들었다.

아, 주여….

나른한 오후, 도시락집에서 쏟아지는 졸음을 쫓아내며 설거지를 하다 보면, 자꾸만 그 일이 떠올라 탄식이 나왔다.

'한 시간도 아니고 그저 10~20분 쉬고 있던 그 분에게 나는 왜 그리 야박한 마음의 눈빛을 흘겨 보내었던 것일까? 나도 지금 30분만 쉬면 살 것 같은데, 그 분도 그때 얼마나 쉬고 싶었을까?'

이 생각을 하다보면 나는 마음이 괴로워 고개를 절레절레 흔들었다. 고용주라는 이유만으로 그 분의 쉴 권리마저 내 마음대로 조정하려 했던 내 본성의 탐욕을 들킨 것만 같았다. 부끄러움이 밀려왔다.

"주님, '인간의 자기 중심성'이 죄라더니 제가 딱 그렇습니다. 제 입장에서만 보고 제 중심적으로만 생각하는 사람이 바로 저였어요."

설거지를 하는 동안 마음속에서 이런 고백이 터져 나오면 나도 모르게 눈물이 흘러내렸다. 이번엔 튀김 열 때문이 아니었다.

"하나님, 제가 부자가 되어 사람을 다시 쓰게 되면, 그에게 점심 먹은 뒤 30분은 꼭 쉬게 해 주는 사람이 되겠습니다. 사람을 쓰더라도 그에게 정말 필요한 게 무엇인지 살피는 사람이 되겠습니다. 저에게 그럴 수 있는 기회를 다시 허락해 주세요."

부끄러움으로 흘렸던 눈물은 뜻밖에도 그렇게 서원기도로 이어졌다.

눈물만이 바꿀 수 있는 것

그 옛날 나의 할머니는 매사가 깔끔한 분이셨다. 자유로운 영혼의 소유자였던 나는 마치 각을 맞춰놓은 듯 한 올의 흐트러짐도 없이 사는 할머니를 보며 '난 저렇게 살지 말아야지'라고 결심한 적도 있었다. 하지만 그 생각은 잠시였다. 나도 모르게 나는 할머니를 점점 닮아갔다. 자라갈수록 살림은 깔끔하게, 일처리는 완벽하게 해야만 잠들 수 있는 사람이 되어갔다.

그런데 그 과정에서 할머니와 달리 내가 놓쳐버린 한 가지가 있었다. 깔끔한 살림과 완벽한 일처리에 앞서, 사람의 마음을 헤아려주고 보듬어주는 성숙함이었다. 목표 지향적 기질이 강했던 나는 공부든 일이든 잘해내야 한다는 일념으로 삶을 운전해 나갔다. 그런 경향은 타인을 바라볼 때도 마찬가지여서 '능력' 위주로 사람을 평가할 때가 많았다.

종합적으로 사람을 바라보는 눈이 없었던 중학교 때는 그런 내 경향이 확연히 드러났던 것 같다. 당시 3,000여 평 되는 논농사에 할아버지 간병까지 해야 했던 할머니는 가사도우미의 도움을 받으며 살림을 하고 계셨다. 아직 어리기만 했던 나는 그 와중에 악역이 되고 말았다. 학교에 갔다가 집에 돌아오면 내 눈엔 왜 그리도 마룻바닥의 먼지며 창틀의 때가 눈에 띄었던지…. 문을 열어놓고 사는 시골집이라 수시로 먼지가 들어올 수밖에 없는 환경이었음에도 나는 이제 갓 일을 시작한 가사도우미의 상황이나 시골집의 환경을 헤아리기 전에 벌컥 잔소리부터 해댔다.

　"이 먼지 봐라. 아이고 더러워라."

　주인집 손녀라고는 하나 어리디 어린 중학생 아이가 손가락으로 바닥 먼지를 닦아내며 그런 소리를 해대니 어느 누군들 기분이 안 상했으랴. 결국 집안일을 돌보던 분들은 그런 나를 감당하기 힘들어 일을 그만두었고, 그때마다 할머니는 나를 불러놓고 야단을 치셨다. 언제나 나를 사랑스럽게만 바라보시던 할머니의 눈빛에도 그때만큼은 노여움을 담고 계셨다.

　"귀례야, 남의 집에 와서 일하는 사람을 안쓰럽게 생각해야지. 너 때문에 이젠 일하는 사람도 쓰지 못하겠구나."

　"아니 할머니, 일하러 왔으면 일을 제대로 해야지. 일을 너무 더럽게 하니까 그러지. 일을 할 거면 깨끗하게 해야 하잖아요."

　"아이고, 너는 손가락 하나 까딱 안 하믄서. 남의 집 사는 사람에게 그러는 거 아니다."

　"할머니는 왜 일하는 사람 편을 드는 거예요?"

사춘기여서 그랬던 것일까? 웬일인지 나는 할머니께 한 마디도 지지 않고 대꾸를 해댔고, 할머니는 그런 나를 안타까운 눈으로 바라보곤 하셨다. 마치 지금은 다 알려주지 못하지만 언젠가는 꼭 알아야 할 게 있다는 듯이. 하지만 알아듣지 못하는 내게 할머니는 더 이상 아무 말씀도 하지 않으셨다.

기나긴 세월이 흘러 나도 그날의 가사도우미처럼 생계를 위해 남의 수하에서 일을 해보고서야, 그때 할머니가 못다하신 말씀이 무엇이었는지 가슴으로 이해할 수 있었다.

"귀례야, 사람을 다루려면 먼저 상대방의 처지를 헤아려주는 마음이 있어야 헌단다. 그런 다음에 일을 시켜도 늦지 않는 법이여."

나는 그동안 일의 능력을 보다 높이 끌어올리는 것을 중시하며 산 사람이었다. 나 자신이 그런 사람이 되려 했기에 다른 사람에게서도 같은 걸 요구했다. 그런데 내 나이 사십 즈음에 이르자 하나님께선 인생을 능력으로만 평가했던 내 삶을 돌아보게 하셨다. 일의 완벽함을 지향하기 앞서 상대방의 간절한 필요를 살필 줄 알아야 진정으로 부유한 자라고 말씀하시는 것 같았다. 특히 도시락집에서 설거지를 하다보면 사람보다 일 자체를 중요하게 여겼던 과오들이 더 선명하게 떠올랐다. 설거지하는 시간이 회개의 시간으로 바뀌어갔다.

그러자 하나님께서는 그 시점을 전후해서 내가 구하지도 않은 '긍휼의 은사'를 내게 주셨다. 지위고하를 막론하고 어떤 사람이든 한 가지씩은 그만의 어려움을 갖고 있는 법인데, 그 후 나는 어떤 사람을 만나든 상대방의 고통과 어려움이 먼저 눈에 들어왔으니 말이다. 그러면 나는 그 고통을 어떻게든 덜어주고 싶어 애간장이 타들어가는 마음을 느끼곤 했다. 절박한 자리에서 흘렸던 회개의 눈물이 나를 그렇게 전과는 다른 사람으로 만들어 가고 있었다.

플러스 알파

도시락 집에서 일하던 때로부터 십여 년쯤 지난 2005년도에 이르렀을 때에는 내 사정이 많이 달라졌다. 컨설턴트로 활동을 재개하며 어느 정도 경제적 회복을 이루었기 때문이었다(이 파란만장한 과정은 이후 자세히 이야기하도록 하겠다).

밖에서의 활동이 많아지자 집안일을 도와줄 누군가가 필요했다. 늦둥이로 내 품 안에 찾아온 둘째, 셋째 아이가 어렸기 때문에 아이들이 유치원에 다녀오면 밥을 차려주고 집안청소까지 해줄 수 있는 사람이면 좋겠다 싶었다.

마침 그때 경제적인 곤란을 겪고 있던 손위 시누이가 자꾸 눈에 밟혔다. 사람을 구해야 하는 나의 필요도 있었지만 시누이에게 일거리를 드릴 수 있다 생각해 앞뒤 가릴 것 없이 찾아가 부탁을 드렸다.

"고모, 우리 집 와서 나 좀 도와줘요. 고모도 알다시피 내가 바빠서 자주 나가봐야 하잖아요."

여러 시누이들 중 나는 유독 그 시누이와 가깝게 지내는 편이었다. 그 몇 년 전 시누이에게 복음을 전해 함께 예수님을 믿게 된 뒤부터는 영적인 친밀함까지 더해진 사이였다. 호칭도 아이들이 부르는 대로 나도 고모라 부르며 허물없이 지냈다.

"어휴, 나 같은 게 어떻게 동생네 일을 봐주겠어?"

"나 같은 거라니요, 뭔 말씀을 그렇게 해요? 고모가 와준다면 우리는 최고로 좋지요."

그렇게 해서 시누이는 아이들이 학교와 유치원에 간 아침 9시면 우리 집으로 출근을 했고, 나는 그 시간부터 마음 편하게 활동할 수 있었다.

그러는 와중에도 나는 하나님께서 나를 얼마나 변화시켜 주셨는지를 확인해 볼 겨를도 없이 바쁘게 살았다. 삶의 현장은 전쟁터와 같았고 특히 돈이 오가는 현장은 눈 깜빡할 사이에 몇 천, 몇 억, 심지어 몇 천 억 원의 오차도 날 수 있었기 때문에 컨설턴트로서 숨 가쁜 긴장 속에 하루하루를 살았다.

그렇게 몇 년이 지나 오랜만에 지인들과의 만남에서 나의 근황을 전할 때였다. 손위 시누이가 와서 몇 년 동안 집안일을 돕고 있다는 나의 말에 지인들은 고개를 절레절레 흔들었다.

"아이고 나는 공짜로 일해 준다고 해도 시누이가 집에 오는 건 딱 질색이다."

"그러게, 넌 참 속도 좋다. 어떻게 시누이를 쓸 생각을 하냐?"

지인들 모두가 의아하다는 듯 말을 잇자 나는 반사적으로 되물었다.

"시누이가 얼마나 편한데 그래? 너 한번 생각해봐. 시누이는 애들 아빠 누나고 내 식구잖아. 그러니 애들한테도 얼마나 잘하겠니? 남보다 훨씬 낫지."

"낫긴 뭐가 나아? 차라리 남이 낫지."

"어머, 그것도 사람 나름이지. 나는 우리 시누이가 너무 편하고 좋아. 우리는 친언니와 동생 같은 사이야."

그렇게 말하고 보니 내가 정말 시누이를 불편하게 여겨본 적이 한 번도 없음이 깨달아졌다. 언제나 사람의 장점을 귀하게 보긴 했지만, 변함없이 일의 완벽성을 추구하는 내 성격으로 인해 지금쯤이면 관계가 어려워졌을 수도 있었단 생각도 들었다. 무엇 때문에 내가 이토록 관계의 축복을 누리고 있는 건지 궁금해졌다.

그러고 보니 그 시절 시누이는 가끔 이렇게 말했다.

"동생네 집에 오면 여기가 천국이구나 싶어. 나는 여기 오는 게 너무 좋아. 동생처럼 나한테 잘해주는 사람이 없잖아."

겉으로 보기에 나는 시누이에게 잘해주는 게 없었다. 컨설팅을 하든 집안일을 하든 빈틈없이 해야 한다는 삶의 원칙 때문에 나는 손위 시누이에게도 직설 화법을 쓰는 사람이었다.

"고모, 걸레는 물기가 남아 있지 않게 꼭 짜서 닦아주세요. 나는 물기가 바닥에 남아 있는 거 안 좋아해요."

그런데도 시누이는 나를 누구보다 편안하게 여겼고 사랑해 주었다. 그리고 시누이와 나의 그런 동거는 10년 동안이나 이어졌다.

어떻게 그런 일이 가능했을까?

어쩌면 그건 도시락집에서 알바를 할 때 하나님께 눈물로 서원했던 기도의 결실이 아니었을까. 시누이를 맞이하면서 내가 한 일이라고는 그때 드린 기도대로 쉴 수 있는 시간을 확실하게 보장해 드린 것밖에 없었으니 말이다.

나는 당시 시누이가 오전 9시에 출근해서 오후 서너 시에 아이들이 올 때까지 무얼 하는지에 대해 일절 관여하지 않았다. 오히려 그 시간에 시누이가 편안히 쉬기를 바라는 마음마저 있었다. 시누이에게는 첫째로 일이 필요하고, 둘째로 쉼이 필요하다고 여겨졌기에 나는 그저 그 필요를 채워주고 싶은 바람밖에 없었다.

그러고 보면 그 과정에서 자율과 존중이라는 하나님의 방법으로 사람을 대하게 된 건 순전히 하나님의 은혜였다. 내가 어떤 사람이었던가? 고용한 요리사가 식사 후 잠시 쉬는 것조차 불편해 하던 사람이 아니었던가.

그런 나에게 하나님께서는 심지어 '플러스알파(+α)'의 마음까지 갖게 하셨다. 사람을 쓰면 품삯만 정확히 드리는 게 아니라 내가 어디서 선물 두 개를 받으면 하나를, 열 개를 받으면 다섯 개를 플러스해서 나누어주는 사람이 되도록 인도하고 계셨다. 그러면 의도치 않게 놀라운 일들이 그 후 내 앞에 플러스알파로 펼쳐졌다. 내 일을 도와주는 이들이 더 열심히, 더 최선을 다해 일을 해주는 것이었다.

인생을 인도하시는 하나님의 계산법이 인간의 계산법과 얼마나 다른지를 나는 그때 목격할 수 있었다. 그래서인지 나는 점점 '계산이 정확한 사람'보다 '계산을 뛰어넘는 사람'이 되고자 했다.

협상의 반올림

'협상 전문가'라는 내 닉네임답게 나는 하나님께 구할 때뿐 아니라, 사람들을 대할 때도 성경적인 협상의 원리로 다가가고 싶었다. 특히 내가 인생의 내리막길을 살았던 사십대 초반부에는 더더욱 말씀에 순종하는 데 매진하다시피 했다. 이를 위해 나는 성경을 보며 인간관계 속에 적용할 수 있는 협상의 원리를 연구하고 발굴했다.

> • • •
>
> 너의 이 뺨을 치는 자에게 저 뺨도 돌려대며
> 네 겉옷을 빼앗는 자에게 속옷도 거절하지 말라
> 네게 구하는 자에게 주며 네 것을 가져가는 자에게
> 다시 달라 하지 말며 남에게 대접을 받고자 하는 대로
> 너희도 남을 대접하라 [눅 6:29-31]

예수님의 산상수훈 중 나는 유독 이 말씀에 눈이 머물렀다. 겉옷을 달라 하는 자에게 속옷까지 주고 내 것을 가져가는 자에게 다시 달라 하지 말라니…. 얼핏 보면 쉽게 이해할 수 없는 말씀이다. 세상 만물의 주인이신 예수님께서 세상 사는 이치와 왜 반대로 말씀하실까 의아할 수도 있고, 나 같이 부자를 꿈꾸는 사람들에게는 파탄에 이르는 길을 알려주는 메시지라 느껴질 수도 있다.

하지만 말씀을 묵상하면 할수록 오히려 이 말씀이야말로 인생의 경제 원리를 꿰뚫는다는 생각이 들었다. 그래서 나는 이 말씀의 원리를 인간

관계에 그대로 적용하면서 이를 '협상의 반올림'이라 부르게 되었다.

반올림이 무엇인가? 끝자리 수 하나를 더 올려서 계산해주는 것이다. '협상의 반올림' 역시 상대방과 셈을 해야 할 때마다 반올림해서 더 주는 원리를 말한다.

예를 들어 내가 어떤 건물의 인테리어를 맡아 공사를 진행한다고 치자. 공사가 진행되면서 A라는 분으로부터 93만 원의 견적을 받았다면 인테리어 책임자들은 보통, 3만 원을 깎아서 90만 원만 지급하려고 한다. 그러나 나는 거기서 반올림을 해서(엄밀한 의미에서 반올림이 아니라 올림) 100만 원을 지급한다. 어떤 경우 105만 원 견적이 나왔을 때는 농담 삼아 "5만 원은 뗄까요?"라고 말할 때도 있지만 결국 110만 원을 지급하는 걸 잊지 않는다.

부동산투자가로서 집을 사들일 때도 이 협상의 반올림 원칙은 그대로 적용된다. 집 한 채를 샀을 경우 중개수수료가 175만 원이 나왔다면, 나는 거기에 5만 원을 보태서 180만 원을 건넨다. 때로 부동산중개업자가 더 많은 수고를 했다고 판단될 때는 끝자리수가 아니라 앞자리 수를 반올림해서 200만 원을 건넬 때도 있다.

물건 사러 갔을 때도 마찬가지다. 시장에서 나물 3,000원 어치를 살 때 나는 반올림해서 3,000원 드린다 생각하고 2,500원 어치만큼의 나물만 집는다. 그러면 나물을 파는 분이 깜짝 놀라 말한다. "아니 세상에, 다들 나물을 더 얹으면 얹었지. 이렇게 덜어내는 사람은 처음 봤네."

물론 모든 경우에 이 협상의 반올림 원칙을 적용하는 건 아니다. 가끔 백화점에 가서 값비싼 물건을 사는 경우에는 오히려 한 푼이라도 깎으려

애쓴다. 그러나 영세업자나 영세상인들, 또는 가까운 이웃과의 거래에서 만큼은 철저하게 이 협상의 반올림을 원칙으로 한다. 그런 식으로라도 "오 리를 가자하면 십 리를 가고, 겉옷을 달라하면 속옷까지 내어주라"는 주님의 말씀에 순종하고 싶어서다.

그러면 어떤 이들은 이렇게 묻는다. 그렇게 돈을 펑펑 쓰면 어떻게 돈을 모으냐고. 그럴 때 나는 웃음이 나기도 한다. 나만큼 작은 돈까지 철저하게 아끼고 모으는 사람이 또 있을까 싶어서다. 나는 지금도 진흙에 파묻힌 십 원짜리 동전 하나라도 줍는 사람이다. 심지어 딸과 함께 길을 가다가 공병이 보이면 그 공병을 모아 팔 때도 있다. 가난할 때든 부유할 때든 "티끌 모아 태산"이란 말을 믿고 언제나 티끌을 모으는 일에 최선을 다해 사는 습관이 몸에 배었다.

그러나 이웃과의 관계에서(특히 어려운 이웃들) 셈을 할 때는 인색함이 아니라 넉넉하게 대접하는 것이 성경의 원리요, 결국은 내게 유익이 되어 돌아온다는 걸 경험하며 살고 있다. 예를 들면, 인테리어 공사를 하시는 분들에게 반올림의 원리를 적용해서 대우해 드리면 그들은 소위 '후카시 견적(부풀려 견적을 내는 것)'이란 걸 하지 않는다.

그뿐만이 아니다. 오후 5시까지 일하기로 계약된 상황에서 일이 시간 내에 마무리되지 않았을 경우 보통 인부들은 다음날로 일을 미루어 반나절 일당을 더 받아낸다. 하지만 나와 함께 일하는 분들은 그날 1시간 정도 더 일해서 끝까지 일을 마쳐준다(그러면 나 역시 그 시간만큼의 삯을 더 드린다).

부동산 중개업자의 경우도 마찬가지다. 집을 살 때마다 내가 수수료를 조금 더 드리면, 이후에 내가 또 집을 사게 되었을 때 그 중개업자가 발 벗고 나서서 최대한 싸게 살 수 있도록 알선해 주기도 한다. 계산으로 치자면 수수료 몇 십 만 원을 더 드렸을 뿐인데 때로 100배 이상의 이익으로 돌아올 때도 있다.

물론 협상의 반올림 원칙을 적용한다고 해서 모든 경우에 유익이 되어 돌아오는 건 아니다. 당장은 그저 돈이 빠져 나가기만 하는 것 같을 수도 있다. 사랑이 흘러가듯이 돈도 그렇게 내게 돌아오기보다는 필요한 사람에게 흘러가기만 하는 것 같아 보일 수도 있다.

그렇다 해도 중요한 것은 우리의 작디작은 계산법을 뛰어넘어 하나님의 계산법을 신뢰하며 사는 일이다. 나는 그것이 믿음이라고 생각한다. 비록 당장은 손해 보는 것 같아도 선하신 주님을 믿고 그분의 계산법대로 기쁘게 살아가는 것이다.

그렇게 우리가 누군가 오 리를 가자 할 때 십 리를 가주면, 바로 그 사람이 아니더라도 언젠가 누군가로부터는 십 리길을 동행해 주는 은혜를 우리도 받을 수 있게 되리라고 나는 믿는다.

그러나 대다수의 사람들은 이 사실을 믿지 못한다. 그래서 협상의 반올림 원리대로 실천하지 못한다. 어떤 상황이든 무조건 깎고 아끼는 걸 잘사는 길이라 생각한다. 눈앞의 작은 이익에 전전긍긍하느라 먼 훗날의 더 큰 이익을 보지 못하는 근시안적 인간 속성에 머물러 있는 것이다.

나는 경제적 고통 속에 있을 때 그토록 부자가 되기를 꿈꾸었지만, 무조건 아끼기만 하는 자린고비나 구두쇠가 되고 싶지는 않았다. 반대로 자신에 대한 엄격함이라고는 전혀 없이 돈 쓰는 재미에만 맛 들려서 사치와 허영과 이기심 속에 살아가는 속 빈 강정이 되고 싶지도 않았다.

나는 부자가 되되 관계의 부자가 되고 싶었다. 말씀 그대로를 믿고 순종하는 청지기로 살되 하나님과의 관계가 부유하고 사람과의 관계가 부유한 자로 살고 싶었다.

그런데 그 비밀이 말씀 속에 있었다. 겉옷을 달라하는 자에게 속옷을 주라는 말씀에 순종할 때 하나님과의 관계가 열리고 인간과의 관계가 열림을 경험할 수 있었다. 그 부유한 관계에 이르자, 내 꿈의 나무들에선 열매가 점점 풍성하게 맺혀갔다.

말씀 순종부터
연습하라

때를 얻든지 못 얻든지

1980년대 전 후반 나는 두 번의 경제적 어려움을 겪으면서 두 번의
시댁살이를 하게 되었다. 그리고 그때마다 말씀에 순종하도록 이끄시는
하나님의 은혜 속에 잠겨 살았다. 성경을 펴면 구절구절이 왜 그리도 내
귀에 대고 하시는 말씀으로 다가왔는지…. 특히나 시댁에 처음 들어가던
해에 주셨던 다음 말씀은 생명을 걸고서라도 지켜내야 한다는 생각이 들
게 했다.

> 너는 말씀을 전파하라 때를 얻든지 못 얻든지 항상 힘쓰라
> 범사에 오래 참음과 가르침으로 경책하며 경계하며 권하라 [딤후 4:2]

고등학교 때부터 성당에도 다녔지만 진정한 의미에서 내가 예수 그리스도를 만난 건 한참 뒤의 일이었다. 큰아이 출산 이후 몸조리를 도와주셨던 시숙모님의 전도로 교회에 나가면서부터 나는 주님을 만난 감격 속에 살았다. 천하에 두려운 존재라고는 없어서 거칠 것 없이 살았던 나는, 하나님을 만난 뒤에야 처음으로 두려워하는 대상을 가슴에 품고 살게 되었다.

물론 하나님에 대한 그 두려움은 공포심이 아니라 경외심이었다. 온 우주만물을 창조하신 하나님을 생각하면 불꽃같은 눈으로 나를 바라보심이 느껴져 전율이 일었다. 성경을 펴서 귀를 기울이면, 살아 원동력 있는 말씀으로 나의 심장과 폐부를 찌르는 하나님의 음성이 귀에 들리는 것 같았다. 그래서인지 나는 말씀이 내 마음에 와서 꽂힐 때마다 그 경이로운 하나님의 말씀을 내 삶 속에서 실천하기 위해 전심전력을 다했던 것 같다.

파산을 겪으며 시댁에 들어갔을 당시에도 그랬다. 디모데후서 4장 2절 말씀이 내게 찾아오자 시댁 식구들을 전도해야 한다는 사명감에 불타올랐다. 그러나 말씀을 실천하기엔 현실이 녹록치 않았다. 예수님 믿기를 거부하는 시댁 식구 아홉 명의 얼굴을 바라보노라면, 어떻게 저들을 전도해야 하나 싶어 막막해지기도 했다. 특히나 시댁식구 중 누군가가 '너는 하나님을 믿는데 왜 그런 일을 당하니?'라는 눈빛을 보내올 때는 열리던 입술마저 도로 다물어졌다. '내가 하루빨리 경제적으로 회복되어야 입을 열어 전도할 수 있겠다'는 인간적인 생각도 찾아들었다.

하지만 "때를 얻든지 못 얻든지 말씀을 전파하라"는 말씀 앞에서 내 생각의 틀이나 고집은 금세 꺾였다. 그전까지도 나는 내가 예수 믿고 뭔가 잘되어야만 전도할 수 있다고 여기던 사람이었다. 그러나 말씀을 묵상할수록 그게 아니었다. '내가 이룬 무엇'을 전하는 게 아니라 '하나님께서 이루신 영생의 복음'을 전하는 게 전도였다. 패가망신한 지금 이때야말로 나의 스토리가 아니라 하나님의 스토리인 '복음'을 전해야 할 때였다.

"그렇다면 하나님, 기회를 만들어 주시면 예수님을 전하겠습니다."

언제부턴가 나는 전도의 문을 열어달라고 기도하며 때를 기다렸다. 역시나 기도로 준비하니 내게 주신 말씀에 대한 믿음이 더 강해지고, 때가 이르면 시댁 식구 모두 하나님을 믿게 되리라는 확신이 섰다. 내가 시댁까지 들어가게 된 것에도 이유가 있다는 생각마저 들었다.

하나님은 나 같이 부족한 자를 통해서라도 영혼을 구원하길 바라는 분이셨다. 말하자면 나는 시댁으로 '보냄 받은 선교사'였다.

기도의 자리에서 이 거룩한 사명을 깨닫게 되자, 모든 일을 전략적으로 지혜롭게 해야겠다는 다짐 하에 하나하나 일을 처리해 나갔다. 우선 나는 한 달에 한 번 꼴로 있는 시댁 제사에 어떻게 대처할 것인가에 초점을 두고 준비를 해 나갔다. 신내림까지 받으신 할머님 밑에서 자란 시어머니와, 조계종 독실한 불자셨던 시아버지는 조상 제사를 받드는 마음이 각별하셨다. 그런 분들에게 복음을 전하려면 그 분들이 지켜내려는 것들에 대해 무조건 배척부터 하면 안 될 것 같았다. 제사 문제는 특히 더 그랬다. 그래서 내린 결론은 이것이었다.

"제사 때마다 나는 크리스천인 나의 정체성을 분명히 한다. 그리고 동시에 며느리로서 집안 어르신들에게 성심성의껏 최선을 다한다."

이를 실천하기 위해 일단은 한 달 생활비 계획부터 치열하게 짰다. 어려운 살림이라 제삿날 시장 보는 비용을 내가 내기 위해서는 평소 머리가 터지도록 살림을 아껴야 했다. 그렇게 해서 직접 장까지 보고 나면 이번엔 나물반찬이며 부침개, 어적까지 내 손으로 직접 장만했다. 그리고 저녁이 되면 먼저 식사를 끝내고 시어머니께 조용히 말씀드렸다.

"어머니, 저는 이제 제 할 일 다 했으니 제 방에 들어갈게요."

내 신앙양심상 제사의식에까지 참여할 수 없었던 나는, 제사상을 차리기에 앞서 내 방으로 들어갔다. 그러면 언젠가부터 시어머니는 내 등 뒤에다 대고 이렇게 말씀하셨다.

"너는 참 속이 깊구나. 수고했다."

시어머니의 그와 같은 말씀을 듣고 내 방으로 들어오면, 그때부터 나는 시댁 전도를 위해 기도하기 시작했다. 하나님과의 깊은 독대의 시간이었으므로 기도는 언제나 원색적이었다.

"하나님, 저 제사상 다리가 무너지게 해주세요. 이 제사가 마지막 되게 해주세요. 하나님, 이 열 명의 식구들 중 나 혼자 예수님을 믿는데, 이제는 우리 가족 모두가 예수님을 믿게 해 주세요. 이 집안을 예수님의 보혈로 덮어주세요. 우리 시댁식구 모두 예수님의 사랑으로 하나 되게 해주세요."

아침마다 금식하며 그렇게 기도한 지 1년 쯤 되었을까. 놀랍게도 시댁에 들어간 지 300여 일이 지난 뒤 시댁에서는 전능하신 하나님을 찾아야 하는 일이 벌어졌다. 평소 건강하시던 시아버님이 조금 아픈 것 같다고 하시더니, 병원 검사 결과 후두암 말기 판정이 떨어진 것이다. 앞으로 많이 살아야 6개월밖에 사실 수 없다는 소식 앞에서 가족들은 모두 망연자실할 수밖에 없었다.

그런데 이 소식을 함께 들은 내게는 하나님의 단호한 음성이 동시에 들려왔다.

"천국을 전할 때가 이때다. 너는 가서 복음을 전하라."

담판의 협상을 해야 할 때

시아버지는 본래 건강한 체질이었다. 삶에 대한 의욕도 왕성하셔서 그 옛날 시골에서 이장까지 하시며 자식들 모두와 동생들까지 대학공부를 시킨 분이다. 일제 강점기 때도 학도병으로 일본에 끌려갔다가 혼자 탈출해올 정도로 기개며 용기도 대단한 분이다. 주변에서는 그런 시아버지께 '어사 박문수'라는 별명을 붙여줄 정도였다.

그래서인지 평소 나는 시아버지께 단도직입적으로 복음 전하기가 어려웠다. 하지만 1년을 기도하며 준비했던 터라 나는 한 치의 망설임도 없이 다가가 담대하게 말씀드렸다.

"아버지, 저를 따라 교회에 나가서 예수님 믿고 병 고치고 사실래요? 아니면 의사의 말대로 6개월 시한부 인생을 살다가 돌아가실래요?"

6개월 시한부 판정을 받은 시아버지께 어찌 보면 당돌하다 할 수 있는 말씀을 나는 겁도 없이 드렸다. 때가 때이니만큼 우물쭈물 망설이다가는 시아버지의 영혼을 구할 길이 영영 막힐지도 모른다는 생각에서였다. 또한 칼같이 분명한 시아버지의 성격상 돌려 말하기보다 단칼에 핵심을 말씀드리는 게 낫겠다 싶었다. 삶에 대한 의욕이 강하셨던 시아버지는 "예수 믿으면 병 고치고 산다"는 나의 복음 메시지 중 '산다'라는 단어에 눈이 번쩍 뜨이셨던 것 같다.

"그래? 예수 믿으면 암을 고칠 수 있나?"

시아버지의 이 말씀에 나는 차마 다른 얘기를 할 수가 없었다.

'예수 잘 믿으면 오래 살 수도 있지만 그렇지 않을 수도 있어요. 중요한 건 우리가 예수님을 믿어 영생을 얻는 거지요. 예수님은 부활이요 생명이셔서 그분을 믿으면 죽어도 살고 무릇 살아서 예수님을 믿으면 영원히 죽지 않아요.'요 11:25-26

마음속에 맴도는 이 말을 차마 꺼내지는 못했지만, 왜 그런지 모르게 나는 시아버지의 병이 나을 것 같다는 믿음이 들어 이렇게 말씀드렸다.

"그럼요 아버지. 예수님을 믿으면 병이 나을 수도 있어요. 그러니까 저와 같이 교회에 나가셔요."

"그게 정말이냐? 그럼 나랑 같이 교회에 가자."

'늙으면 빨리 죽어야지'라는 말이 3대 거짓말에 속한다는 걸 확인하는 순간이었다. 당시만 해도 칠십을 훌쩍 넘긴 연세라 비교적 오래 사셨다고 평하던 시절이었음에도, 시아버지는 더 살고 싶다는 의지를 그렇게 피력하셨다. 그 강한 의지로 시부모님은 그때부터 나와 함께 금요일마다 철야기도회에 참석하셨다. 그간 금요일만 되면 시부모님은 종로 조계사로, 나는 교회로 가며 서로에게 "안녕히 다녀오세요", "그래, 잘 다녀와라" 했던 우리 집안이 이제는 교회로 함께 손잡고 다니게 된 것이다.

철야기도회에 함께 가면 두 분을 보다가 눈물이 났다. 특히나 시아버지는 그 힘든 수술과 방사선 치료를 받아가면서도 될 수 있는 대로 철야기도에 빠지지 않으려 하셨다. 때로는 말씀을 듣다가 눈물까지 흘리시는 시아버지를 보면 정말 하나님께서 하시는 일이 놀랍다는 생각에 감격하지 않을 수 없었다.

하지만 어느 날부턴가 내 마음에는 근심이 쌓여갔다. 수술 후에 항암까지 하시는 시아버지의 모습이 애처롭다 못해 매우 위태로워 보였기 때문이었다. 바람이 불면 언제든 그 생명의 불빛이 훅 하고 꺼질 것처럼 보였다. 시아버지를 위한 내 기도가 점점 절박해질 수밖에 없었다.

"하나님, 어떡하면 좋아요? 내가 시아버지께 예수님 믿으면 병을 고칠 수가 있다고 했는데, 우리 시아버지 상태는 너무 안 좋아요. 의사 말대로 이러다 정말 6개월도 못 되어 돌아가시면 나는 전도하기 위해 거짓말한 게 되잖아요? 하나님 어떡해요?"

그런 중에도 시아버지는 "예수 믿으면 살 수 있다"고 철썩 같이 믿으시는 것 같았다.

나는 더더욱 하나님께 매달려 기도드렸다.

"하나님, 제가 하나님의 이름으로 아버지와 어머니를 전도했는데 이대로 아버지가 돌아가시면 나머지 시댁 식구들은 하나님 안 믿는다고 할 거 같아요. 하나님, 그러니 우리 시아버지 3년만 더 살게 해주세요. 그러면 시댁 식구들도 하나님께서 살리셨다는 걸 믿게 될 거예요. 하나님, 제발 3년만 살려주세요."

히스기야왕은 병들었을 때 하나님께 기도하여 15년을 더 연장받았다고 하지만, 나는 차마 15년까지 기도할 엄두가 나지 않았다. 그러기엔 시아버지 연세가 많았고 병환도 너무 깊었다. 내 눈으로 보기엔 6개월이 아니라 5개월, 4개월도 못 사실 것 같았다. 조금만 더 사셨으면 소원이 없겠다 싶었다. 나는 혼신의 힘을 다해 기도했다.

"하나님, 3년이 긴가요? 그러면 2년만요. 2년만 더 사시면 그동안 천국에 대한 소망도 커지실 테고, 남은 식구들도 하나님께서 아버지를 더 살게 하셨다는 것을 알게 될 거 아니에요?"

그러나 시아버지의 상태는 더욱 더 악화되어만 갔다. 다급해진 마음에 "하나님, 2년이 길면 1년만이라도 살게 해 주세요"라고 하나님께 통사정을 하며 기도했지만 시아버지에겐 회복의 기미가 나타나지 않았다. 아, 그때의 그 타들어가던 마음을 누가 알까? 시아버지께서 지금 바로 돌아가시면 하나님의 이름이 모욕 받을 거란 생각에 나는 기도의 자리를 떠날 수가 없었다. 날마다 타는 듯한 심장을 안고 하나님께 협상하듯 시아버지의 생명을 1년만 연장해 달라고 몸부림치며 기도했다. 기도하는 나 역시 심정적으로는 시아버지처럼 암에 걸린 환자 같았다. 기도하는 하루하루가, 그 1분 1초가, 마치 암과의 사투를 벌이는 순간처럼 아프고 절박했다.

기도는 사랑이다

시아버지를 위해 그토록 애타게 기도했다는 얘기를 하면 사람들은 묻는다. "고부 사이가 매우 각별했나 보군요?"라고. 하지만 그때까지도 나와 시아버지 사이는 엄청나게 큰 담으로 가로막혀 있었다. 그 담은 내가 가진 돈을 다 잃어 시댁에 들어갔을 때 생겨났다.

시댁에 들어간 내게 시아버지는 우리에게 증여하셨던 유산을 도로 내놓으라 하셨다. 우리가 망하기 전, 아들 셋을 두신 시아버지는 큰아들에게는 시골의 논과 밭을, 둘째인 우리에게는 과수원을, 셋째인 시동생에게는 흑석동에 있는 집 한 채를 증여하셨다. 그런데 내가 망하는 바람에 시동생에게 빌렸던 800만 원을 갚지 못하자, 시아버지는 증여하셨던 과수원을 시동생에게 이전하라 하셨다. 그간의 사정으로 형님네와 시동생은 물려받은 유산이 다 사라진 뒤였다.

"너는 아들이 없으니까 너한테 준 거 도로 가져가야겠다. 네가 내 아들에게 빌린 돈 800만 원하고 네게 줬던 과수원 땅 800평을 퉁 치는 게 어떠냐?"

딸 하나밖에 없었던 당시의 우리 사정까지 언급하시며 그리 말씀하시자 서운한 마음은 이루 말할 수 없었다. 더구나 800만 원과 800평의 땅을 퉁치라니…. 말도 안 되는 계산이었지만 나는 어떤 항의도 하지 못했다. 시동생에게 빌린 돈을 갚지 못한 나로선 달리 어찌할 도리가 없었다. 시아버지의 요구대로 과수원 땅을 돌려드리고서도 날마다 시아버지 눈치를 살펴가며 자세를 낮춘 채 시댁살이를 할 수밖에.

그런데 시아버지의 수명을 연장해 달라고 눈물을 흘리며 기도했을 때 나는 문득 빼앗긴 과수원 땅이 떠올랐다. 고개를 절래절래 흔들며 다시 기도에 전념하자 별안간 하나님의 말씀이 물벼락처럼 내게 쏟아졌다.

> • • •
> 내가 천국 열쇠를 네게 주리니 네가 땅에서 무엇이든지 매면
> 하늘에서도 매일 것이요 네가 땅에서 무엇이든지 풀면
> 하늘에서도 풀리리라 하시고 [마 16:19]

이 말씀은 "너희는 나를 누구라고 믿느냐?"는 예수님의 물음에 "주는 그리스도시요 살아계신 하나님의 아들이십니다"라고 대답했던 베드로에게 들려주신 예수님의 대답이었다.

그런데 이 말씀을 왜 하필 이때 내게 주셨는지 모를 일이었다. 다만 내가 시아버지의 영혼 구원과 육신 회복을 위해 계속해서 기도하며 그 말씀을 묵상하자, 더 이상 내 마음이 시아버지에 대한 서운함이나 억울함에 매여 있어선 안 되겠다는 결론이 들었다. 겉으로 표현하진 않았지만 내 마음속 깊이 침잠되어 있던 '매인 마음'을 은혜 안에서 풀고 기도하는 게 기도 응답의 중요한 열쇠라 믿어졌다.

"그래요, 하나님. 제가 땅에서 풀겠습니다. 그러니 하늘에서도 하나님께서 제 기도를 받으셔서 제 아버지 고쳐주세요."

그 믿음의 결과였을까? 시아버지를 위해 눈물로 기도하던 그때 이후로 끝내 과수원을 돌려주지 않은 시아버지에 대한 서운함이나 미움이 내게 조금도 남아 있지 않게 되었다. 오히려 시아버지를 생각하며 기도할

수록 내 마음은 그 영혼에 대한 사랑으로 더욱 뜨거워졌을 뿐.

기도가 사랑임을 그때 나는 알았다. 누군가를 품고 기도하면 그에 대해 묶여 있던 미움이나 분노 등이 다 풀어 사라진다는 것도. 그럴 때 내 마음에는 천국의 평화와 기쁨이 찾아온다는 사실도 경험할 수 있었다.

그리고 그 이후 기도의 자리에 앉을 때마다 나는 누군가를 용서하지 못하는 마음이나 원한이 있는지부터 돌아보게 되었다. 그리고는 주님의 이름으로 용서와 사랑을 선포했다. 상대방에게 매여 있는 마음은 하늘로부터 오는 기도 응답을 방해한다는 것과, 그로 인해 결국은 기도하는 나 자신에게도 손해가 됨을 잘 알았기 때문이다. 마음에 매인 것을 푸는 만큼 사랑과 자유는 내 안에 천국처럼 밀려들었다.

6개월 시한부 판정을 받았던 시아버지는 그 후 어떻게 되었을까. 의학이 지금처럼 발달되지 않았던 당시 하나님께서는 그 몇 년 후, 모두의 예상을 뛰어 넘어 시아버지에게 완치 판정을 받게 해 주셨다. 그 일 이후 한 집에 살던 시댁 식구 아홉 명은 물론, 시누이들까지 전도가 되어 나는 열두 명을 광주리에 담아 하나님께 올려드릴 수 있었다.

물론 그 일로 제일 많이 변화되신 분은 시아버지였다. 주일성수는 물론 새벽마다 일어나 성경을 칠독까지 하시더니, 어느 날인가는 무릎을 치며 이렇게 말씀하셨다.

"세상에나, 내가 칠십 평생을 헛살았다. 이 좋은 하나님을 내가 왜 인자서야 믿었을꼬?"

좋으신 하나님을 향한 사랑을 고백하며 천국을 누리시던 시아버지는 그 후 건강하게 10년을 더 사셨다.

돈 벌기 전에 해야 할 일

당시 나는 복음 전도에 미쳐있다시피 했다. 아니, 하나님께서 그렇게 인도하셨다. 주위를 둘러보면 전도해야 할 영혼들이 가득해서 지금이 바로 추수할 때라는 확신이 들었다. 나는 마치 주님의 부르심에 모든 걸 버려두고 주를 따랐던 베드로와 안드레처럼 느껴지기도 했다.

> • • •
>
> 갈릴리 해변에 다니시다가 두 형제 곧 베드로라 하는 시몬과
> 그의 형제 안드레가 바다에 그물 던지는 것을 보시니
> 그들은 어부라 말씀하시되 나를 따라오라
> 내가 너희를 사람을 낚는 어부가 되게 하리라 하시니
> 그들이 곧 그물을 버려두고 예수를 따르니라 [마 4:18-20]

두 번이나 크게 망하고 부자 되기를 꿈꾸었던 몇 년 동안, 하나님께서는 먼저 내게 '사람 낚는 어부'가 되라고 말씀하시는 것 같았다. 사람을 낚아 영혼을 구원하는 일에 내 모든 걸 쏟아 부을 수 있는지 물으시기도 했다. 영혼 구원을 위해 기도하게 하셨고, 때가 무르익었다 싶으면 마음과 물질을 쏟아 붓게 하셨다. 어떻게든 돈 버는 일에 집중해야 할 때였음에도, 하나님은 돈을 버는 것보다도 돈을 어디에 어떻게 써야 하는지에 대해서 집중적으로 가르쳐 주시는 듯 했다. 아마도 부자가 되기 전, 하나님의 긍휼이 머무는 곳에 마음과 돈을 쓸 줄 아는 사람으로 빚어 가시려는 하나님의 섭리였던 것 같다.

서울 외곽에 사는 시누이가 자궁암에 걸렸다는 소식이 들려올 때도 그랬다. 아프다는 소식을 들음과 동시에 '이번엔 시누이를 부르신다'는 확신이 들었다. 시누이의 영혼을 구원하려면 무엇부터 해야 할지를 놓고 기도했다. 응답은 즉시 왔다. 경제적으로 어려운 시누이에게 경제적인 도움을 드려야 한다는 판단이 섰다.

하지만 남편이 주는 월급만으로 생활하던 때라 시누이의 병원비를 낼 수 있는 돈이 내게 없었다. 정말 어렵게 어렵게 돈을 마련하여 병원비를 지불했다.

"고모, 내가 병원비는 다 냈지요."

시누이를 찾아가 명랑한 음성으로 그리 말하자 시누이는 고마워서 어쩔 줄을 몰라 했다.

"아이고 동생, 이렇게 고마울 데가 어디 있어?"

당시에도 그랬지만 지금까지 그 누구도 내가 어떻게 돈을 마련해 병원비를 지불했는지 아는 이가 없다. 그러나 진심은 통하기 마련이어서 시누이는 내가 얼마나 어렵게 돈을 마련해서 병원까지 달려갔는지 아는 것 같았다. 고마워하는 시누이의 눈빛을 보면서, 이때야말로 시누이에게 가장 좋으신 예수님을 선물로 소개해야 할 때라 여겨졌다.

"고모, 내가 한 가지 소원이 있는데 퇴원해서 몸 좀 추스르고 나면 나랑 교회에 한번 가면 안 될까요? 나는 정말 고모와 같이 교회에 다니고 싶어요."

"그려 그려. 그게 뭐 어렵겠어? 꼭 그렇게 할게. 알았어."

성령께서 시누이의 마음을 열어주셨다. 수십 년 동안 교회라고는 근처에도 안 가봤던 시누이가 그 순간 마음을 활짝 열고 교회에 꼭 가겠노라고 대답했으니 말이다.

그리고 한 달 후, 나와 함께 교회를 찾은 시누이는 예수님을 인생의 주인으로 믿게 되었고 지금까지도 하나님을 신실하게 믿으며 살아가고 있다.

그 후에도 비슷한 일이 또 벌어졌다. 그때만 해도 큰딸에게 극성엄마였던 나는, 바이올린을 하는 딸을 예술학교에 진학시키려고 레슨을 받게 했다. 한 달 레슨비가 당시로서는 큰돈인 30만 원 정도였다. 사건은 레슨비를 주는 날에 벌어졌다.

그날도 저녁 시간까지 심방을 하고 너무 늦지 않으려고 집으로 향하는 택시를 잡아탔다. 그런데 그날따라 택시 기사님이 자꾸만 마음이 쓰였다. 순간 이 분에게 전도해야겠다는 마음이 뜨겁게 일어났다.

"아저씨, 이런 말씀 드리기 어떨지 모르겠지만, 아무리 봐도 아저씨 인상이 이 일을 오래 하셨던 분 같지가 않아요."

운전하시는 분을 비하하는 말이 아니라, 그 분의 인상 자체가 외근직을 오래 하셨던 분으로 보이지 않아 하는 말이었다. 그 분도 내 말에 자연스레 응수해 왔다.

"아이고 어떻게 그렇게 잘 아세요?"

"그렇게 보여서요."

"예, 사실은 제가 사업을 했었는데 하루아침에 사업이 망해서 이 일을 시작한 지 석 달이 되어갑니다. 산 입에 거미줄은 칠 수가 없잖아요?"

얘기를 듣다보니 그 분의 심정을 나만큼 잘 아는 이가 있을까 싶었다. 많은 말을 하지 않아도 그 분이 얼마나 기막힌 심정으로 운전대를 잡고 있을지 충분히 공감이 갔다. 대화를 계속하던 중 기사님은 죽고 싶은 심정이라고까지 표현했다. 나는 기사님에게 물었다.

"아까 선생님 말씀이 미션스쿨을 다녔다고 하셨는데 그러면 하나님이 어떤 분인지 아시겠네요?"

"예 알긴 알죠. 하지만 목구멍이 포도청이라 예배드리러 갈 시간이 없어요."

그 대답에 나는 더 이상 할 말이 생각나지 않았다. 주일예배를 드리려면 교회로 오는 데 얼추 1시간 가는 데 1시간, 예배드리는 데 1시간 해서 총 3시간가량을 빼야 할 텐데, 지금처럼 생계가 다급한 상황에서 근무시간 3시간을 뺄 수 있는 믿음이 그 분에게 있을 리 만무했다.

잠시 침묵에 잠기던 그때, 하필 내 주머니에 있는 아이 레슨비가 떠올랐다. 그러자 그 돈을 기사님 영혼 구원을 위해 써야겠다는 생각이 들었다. 이런 생각이 들면 그토록 셈이 밝은 내가 전혀 다른 계산을 하지 않게 되는 것도 신기한 일이었다. '이렇게 써버리면 아이 레슨비는 어떻게 마련하지?'라는 걱정도 그 순간만큼은 찾아오지 않는다. 그래서 나는 목적지에 도달할 즈음, 차분하고도 분명하게 그분과 협상을 했다.

"아저씨, 3시간 일하면 얼마를 버시나요?"

"한 3만 원 벌게 될 겁니다."

내 머릿속에서는 재빨리 계산이 나왔다. 3만 원 곱하기 열 번의 예배는 30만 원! 즉시 아저씨에게 제안했다.

"아저씨, 그러면 이렇게 하시면 어떨까요? 제가 지금 30만 원을 드릴 테니 저희 교회에 열 번만 와서 저랑 같이 예배를 드리시면 아저씨가 삶에 대한 답을 찾을 수 있을 거 같아요."

나의 뜬금없는 이 제안에 택시 기사님은 이해할 수 없다는 표정을 지어보였다. 자기로서는 수지맞는 일이지만, 당신이 왜 그런 손해 보는 협상을 하냐는 표정이었다. 그러나 더 망설일 수가 없었다. 나는 그 분의 성함이나 전화번호도 묻지 않은 채 지갑에 있던 돈 30만 원을 꺼내어 그 분께 드렸다. 그 분은 극구 안 받으려 하고 나는 억지로 드리려 하며 잠시 실랑이가 벌어졌다.

결국 나는 그 분께 돈을 구겨 넣다시피 하고는 "주일 10시 30분, 우리 교회 앞에서 봐요"라는 말을 남긴 채 서둘러 차에서 내렸다. 이제 그 분이 교회로 오느냐 안 오느냐, 교회에서 복음을 듣고 예수님을 믿느냐 안 믿느냐의 문제는 오롯이 하나님께서 하실 일이었다.

그렇게 맞이한 주일 아침. 교회 입구의 많은 사람들 속에서 내 눈은 그 기사님을 찾아 두리번거렸다. 과연 오셨을까? 오셨더라도 내가 알아볼 수 있을까? 그러기를 몇 분. 비슷한 인상의 한 사람이 눈에 들어왔다. 얼른 다가가 "혹시 택시?"라고 묻자, 그 분이 고개를 끄덕거렸다. 감사를 표하며 함께 예배실로 올라가 예배를 드렸다. 그런데 이게 웬일인가? 예배가 시작됨과 동시에 그 분은 눈물을 펑펑 쏟으시며 찬송을 하는 게 아닌가.

기사님은 그 후에도 나와의 약속을 지키고자 열 번의 예배를 드렸다. 그리고는 환한 웃음으로 교인 등록을 하신 후 지금까지도 주님과 동행하는 삶을 살고 계신다.

간혹 어떤 분들은 내게 묻는다. 그렇게 돈으로 전도하는 것은 복 받기 위한 기복신앙적 행동이 아니냐고. 그러면 나는 되묻는다. 과부가 자신의 전 재산인 두 렙돈을 하나님께 드릴 때 과연 무슨 생각으로 드렸겠냐고. 그녀가 과연 축복 받으려는 기복신앙으로 그 돈을 드렸겠냐고.

> ● ● ●
>
> 한 가난한 과부는 와서 두 렙돈 곧 한 고드란트를 넣는지라
> 예수께서 제자들을 불러다가 이르시되
> 내가 진실로 너희에게 이르노니 이 가난한 과부는 헌금함에
> 넣는 모든 사람보다 많이 넣었도다 그들은 다 그 풍족한 중에서
> 넣었거니와 이 과부는 그 가난한 중에서 자기의 모든 소유
> 곧 생활비 전부를 넣었느니라 하시니라 [막 12:42-44]

망함과 회복을 반복하던 그 시절, 나는 전도를 할 때마다 자신의 전 재산을 드렸던 과부의 심정이 되었다. 시댁 전도를 위해 한 달에 한 번씩 차렸던 제사상 비용도 내 생활비의 전부였고, 택시 기사님에게 드렸던 아이 레슨비도 그때로선 내 가진 것의 전부였으니까.

생활비 전부를 드리는 것은 복 받으려는 투자의 개념으로는 결코 실행할 수 없는 일이다. 예수님이 베드로에게 물 위로 오라 하실 때 그 예수님만 보고 물 위를 걸어갔던 신앙과 같은 개념이라고 말할 수밖에.

실제로 나는 두 렙돈을 드렸던 그 과부처럼, 추수할 영혼을 만날 때마다 '죽으면 죽으리라'는 심정으로 향유 옥합을 깨뜨려 가며 전도할 뿐이

었다.

물론 그렇게 살 수 있었던 그 자체가 내게는 큰 은혜였다. 나처럼 셈에 밝은 사람이, 1원에서 몇 조 원에 이르기까지 더하기 빼기 곱하기 나누기가 순식간에 이뤄지는 나 같은 사람이, 하나님께서 말씀하시면 아무런 계산 없이 그 말씀에 순종하기 위해 모든 걸 쏟아 부을 수 있었으니 말이다. "지갑의 회심이야말로 진정한 회심의 증거"라는 마르틴 루터의 말이 내 생애 가운데도 이루어지는 게 놀라운 하나님의 축복이었다.

시어머니의 축복 기도

시어머니는 할머니 손에서 자란 내가 안쓰러운지 나를 딸처럼 대해주실 때가 많았다. 시댁에 가서 시어머니와 함께 잠을 잘 때도 아기 재우듯 내 머리를 쓸어 넘기며 나를 재워주셨고, 그러다 이불이라도 걷어차면 "감기 걸릴라" 하시며 이불을 살짝 덮어주셨다.

나도 그런 시어머니가 친정엄마처럼 느껴져 간혹 남편과 다툴 때면 두 번 생각할 겨를도 없이 시어머니께 쪼르르 달려갔다. 그러면 시어머니는 "잘 왔다" 하시며 나를 반기셨고, 남편이 전화로 빨리 집에 돌아오라 성화를 부리면 시어머니는 대놓고 이렇게 말씀하셨다.

"와서 데리고 가라 해라. 너 혼자는 안 간다고 해라."

그렇게 각별했던 고부사이라 시댁 전도까지 이루어진 뒤에는 '소울메

이트' 같은 사이로 발전했다. 나중에는 눈빛만 봐도 서로에게 무엇이 필요한지를 알 것 같았다.

금요철야기도회를 끝낸 뒤 맞는 토요일 아침에는 시어머니의 그런 사랑이 더욱 발휘되었다. 당시만 해도 토요일마다 남편이 출근을 하던 때였는데, 나는 철야기도회를 마치고 새벽 5시 경에야 자리에 누우면 도저히 남편의 아침상을 차려줄 수가 없었다. 그러나 함께 철야기도회를 다녀오신 시어머니는 영락없이 일찍 일어나 대신 밥상을 차려놓으신 후 나를 깨우셨다.

"아가, 내가 밥 해 놨으니께 얼른 나와서 숟가락만 놔라. 니 신랑한테는 니가 했다고 해라."

시어머니는 바른생활 사나이였던 아들의 성격을 매우 잘 알고 계셨다. 아침상은 아내가 차려야지 엄마가 차리게 해선 안 된다고 생각하는 아들을 위해서, 또 잠이 부족할 며느리를 위해서 그런 기지를 발휘하셨던 것이다.

그 시어머니가 어느 날은 나를 지그시 바라보시며 이렇게 말씀하셨다.

"아가야, 내가 너를 볼 면목이 없구나. 내가 열일곱에 네 아버지한테 시집와서 별별 일을 다 겪었지만, 내가 네 입장이 되어 생각해보니 너무도 억울할 것 같다. 세상에나, 그 비싼 과수원 땅을 빼앗았으면 나중에 반절이라도 떼어 돌려줬어야 하는데. 다른 사람 같았으면 시부모 얼굴 안 보려고 했을지도 모르지. 아마 나 같아도 너처럼은 못 했을 거여."

"아니에요, 어머니. 저는 다 잊었어요. 신경 쓰지 마세요."

진심을 나누며 대화하다가 시어머니는 이렇게 나를 축복하셨다.

"아가야, 너는 이제 쥐면 오그라드는 사람, 펴면 늘어나는 사람이 됐구나. 네가 그렇게 큰 사람이 되었어. 너야말로 이제 진짜로 큰 부자가 되겠다. 앞으로 너는 그런 사람이 되겠어."

쥐면 오그라들고 펴면 늘어나는 사람이란, 인생의 갈등이나 고난, 압박과 풍파가 올 때 유연하게 대처하되 결코 누구에게도 꺾이지 않는 사람을 뜻하는 것이리라. 다른 말로 '세상이 감당치 못하는 사람'이라 할 수 있지 않을까 싶다. 시어머니는 며느리인 내게 그와 같은 엄청난 축복을 해 주고 계셨다.

그 축복에 나는 야곱이 이삭으로부터, 요셉이 야곱으로부터 축복기도를 받았을 때의 모습을 상상했다. 자식에 대한 축복권을 부모에게 주신 성경의 원리를 떠올려보면, 시어머니의 그 말씀은 하나님께서 내게 주시는 축복의 말씀이라 생각되었다. 그래서 더욱 감동 받고 있는 내게 시어머니는 말씀을 이어가셨다.

"우리 며느리는 내게 생명의 은인이야. 그러니 너는 큰 부자가 될 거야. 사람을 살려주는 큰 부자 말이여."

네가 어디서 떨어졌니?

시댁 식구 열두 명을 전도한 지 1년쯤 지난 뒤에 일어났던 일이다. 야행성 체질이라 웬만하면 새벽기도 대신 철야기도를 다니던 때였는데, 어느 날부터인가 집 앞의 교회로 매일 새벽기도를 다니게 되었다. 그러던 어느 새벽, 기도 중에 생각지도 못한 음성이 하늘로부터 들려왔다.

"네가 어디서 떨어졌니?"

이 음성을 듣자 처음엔 어리둥절했다. 하나님께서 뭘 원하시는 건지, 왜 이 시점에 그런 말씀을 하시는지 모를 일이었다. 어쩌면 내 마음 구석 한편에서 알아도 모른 체하고 싶은 마음이 있었는지도 모르겠다.

하지만 한 번 들려온 그 음성은 계속해서 내 마음에 메아리쳤다. 새벽 기도회에 가서 앉기만 가면 동일한 음성이 계속해서 들려왔다.

"네가 어디서 떨어졌니? 네 엄마가 없었으면 네가 어떻게 이곳에 앉아 있겠니?"

때가 이르렀던 것일까? 네 살 때 우리를 떠나간 엄마, 그래서 일부러라도 그 생각은 잊고 살았건만 하나님께선 그 시점에 내 의식의 저장소에서 지워버리다시피 했던 친정엄마를 자꾸만 떠올리게 하셨다.

아, 하나님의 사랑은 얼마나 크고 넓은지 그 사랑이 닿지 않은 곳이 어디인가 싶었다. 사랑이신 하나님께선 자꾸만 내게, 우리를 두고 떠나신 엄마가 우리를 그리워할 때마다 느꼈을 죄책감을 떠올리게 하셨다. 그 죄책감으로부터 해방시켜 주기 원하시는 예수 그리스도의 마음을 엄마에게 전하라 하셨다.

주님의 마음이 그리도 절절하게 느껴지자 내 마음은 벌써 엄마가 사신다는 전주에 가 머물렀다. 며칠 후 전주로 향하는 기차 안에서 성경을 보며 복음을 전할 마음의 준비를 했다. 그런데 왜 그리도 눈물이 펑펑 쏟아지는지 모를 일이었다. 차분하게 복음을 전할 수 있을 것 같지 않아 하나님께 이렇게 기도드렸다.

"하나님, 하나님의 뜻대로 전도하러 갑니다. 제 마음을 하나님은 아시지요? 그러니 엄마에게 하나님을 전할 때 엄마의 마음이 열려서 내일 엄마의 손을 잡고 교회에 갈 수 있게 해 주세요."

나로선 큰 용기를 낸 발걸음이었다. 부디 나의 이 걸음이 축복이 되어서 주일인 다음날에 엄마가 교회로 가서 등록까지 마쳤으면 하는 바람이었다.

엄마는 정원이 딸린 저택에서 살고 계셨다. 나를 보신 엄마는 너무나 반가워 어쩔 줄을 몰라 하시면서도 "무슨 일로 여기까지 찾아왔을까?" 하며 나를 살피셨다.

"응, 그냥 왔어요."

짐짓 아무렇지 않은 척 엄마와의 만남은 그렇게 이루어졌다. 그러고는 밤에 잠자리에 누워서야 엄마에게 말씀드렸다.

"엄마. 나 엄마에게 소원이 하나 있어. 내 평생의 소원이야."

생각만 하면 미안해서 가슴을 쓸어내렸을 큰딸로부터 소원이 있다는 말이 나오니, 엄마는 잔뜩 긴장한 채 내 말을 들으시는 것 같았다.

"소원이 뭔데?"

"엄마 나랑 같이 내일 교회 가자. 엄마가 예수님 믿고 교회에 잘 다니는 게 내 소원이에요."

"아 그거여? 그려 가자. 내일 같이 가보자."

기차 안에서 드렸던 기도에 대한 응답이었을까. 엄마는 내 말이 떨어지기 무섭게 그렇게 하자며 흔쾌히 수락하셨다.

그리고 다음 날. 나는 엄마 손을 잡고 전주 남문교회로 가서 예배를 드렸다. 예배드리는 엄마의 모습에서 뭔지 모를 해방의 기쁨이 느껴졌다. 예배 후에도 엄마는 담임목사님과 여러 성도들에게 인사를 드릴 때 "딸이 찾아와 교회 가자고 해서 나왔어요"라며 앞으로도 계속 교회에 오겠다는 약속을 하셨다. 그러자 엄마 집 맞은편에 산다는 박 권사님이란 분이 이렇게 말씀하셨다.

"아이고 딸이 좋긴 좋네요. 내가 지난 5년 간 그렇게 전도해도 교회에 걸음을 안 하더니 딸이 가자고 하니까 한 방에 나오셨어. 잘하셨어요. 정말 잘하셨어요."

그 권사님 말씀을 듣자 왜 하필 그 시점에 내가 거기까지 가야 했는지 알 것 같았다. "나는 심었고 아볼로는 물을 주었으되 오직 하나님께서 자라나게 하셨다"고전 3:5는 말씀 그대로였다. 그 권사님의 눈물어린 기도에다 딸의 결정적인 걸음을 합하신 하나님께서 엄마의 마음을 움직여 예수님께로 오도록 이끌어 주셨던 것이다.

그날 저녁, 서울로 가기 위해 전주역에 도착해서 하나님의 은혜를 생각하니 너무도 벅찬 기쁨과 감동이 내 안에 밀물처럼 밀려왔다. 내 눈 안에 들어오는 전주 시내가 다 내 품 안에 있는 것 같은 느낌이었다. 하나님께서는 엄마에게 교회에 가보자고 권한 일밖에 없는 내게 온 우주를 소유한 것 같은 부유함을 안겨주셨다.

그 후에 나는 엄마가 재가한 후에 낳은 딸인 나의 여동생과도 친밀하게 교제할 수 있게 되었다. 하나님의 인도하심이었는지 그 여동생은 몇 년 전부터 내가 사는 옆 동 아파트로 이사를 왔다. 그리고 지금은 내가 전도해서 함께 교회에 다니고 있다.

엄마의 믿음도 계속해서 성장했다. 그러다 치매를 앓으면서부터 요양원에 들어가셨는데, 몇 달 전에는 엄마를 보러 간 나를 몰라보고 자꾸만 누구냐고 하셨다.

"누구?"

"엄마, 나 귀례."

"귀례가 누구?"

"큰딸."

"응, 그렇구나."

그러다 조금 있으니 엄마가 또 물으신다.

"누구세요?"

자꾸만 누구인지를 묻는 엄마를 보니 안 되겠다 싶어 엄마 손을 이끌고 일식집으로 향했다. 엄마가 제일로 좋아하시는 복탕을 시켜드리기 위해서였다. 음식을 받자 엄마는 너무 좋아 어쩔 줄을 몰라 하며 감탄사를 연발하신다.

"세상에나, 이렇게나 좋은 데를. 이거 비싸겠다. 아이고 좋아라. 아이고 맛있겠다."

그러더니 치매를 앓던 엄마가 갑자기 무릎을 꿇고는 기도하기 시작하셨다.

"하나님 아버지, 우리 귀례를 축복해 주세요. 우리 귀례가 이렇게 좋은 걸 사줬어요. 귀례를 축복해 주세요. 우리 귀례 부자 되게 해주세요. 나는 귀례한테 해 준 것이 하나도 없으니 하나님께서 부자되게 해 주세요."

치매를 앓은 뒤 기도하는 모습을 보인 건 그때가 처음이었던 것 같다.

엄마는 맛난 음식을 앞에 두고 마치 정신이 되돌아온 사람마냥 내 이름을 부르며 나를 위해 전심으로 축복해 주셨다.

엄마의 기도를 들으며 나는 엄마의 딸로 태어난 것에 진심으로 감사를 드렸다.

축복으로 가는 협상의 원리

형통할 때에도
청지기로 살며

주인은 충성된
청지기를 찾는다

나는 주인이 아니다

천성적으로 대범하고 빈틈없기도 했지만 동정심과 연민이 많았던 나는, 지인들의 말에 흔들려 돈을 빌려주는 일이 잦았다. 그러는 중에도 한참동안 몰랐다. 타고난 내 성향을 따라 행동하는 그런 나의 모습이 성경에서 보여주는 충성된 청지기의 태도와는 거리가 멀다는 것을.

자칫 경제가 흔들릴 만한 액수의 돈이라면 애초부터 돈거래를 하지 않는 게 맞다. 그럼에도 동정심 때문이든 요행심리 때문이든 지인들에게 큰돈을 자주 빌려준다면 이는 돈의 주인이 자기 자신이므로 자기 뜻대로 해도 된다는 청지기 의식의 부재로부터 오는 일이다.

성경에 따르면 우리는 청지기로 부름 받았다. 청지기란 남의 것을 대신 맡아 지키고 관리하는 사람을 말한다. 즉 우리는 천지만물의 주인이신 하나님으로부터 재능과 물질, 심지어 자녀들까지 위임받아 주인이신 하나님의 뜻에 맞게 충성해야 할 사람들이다. 내게 주어진 돈이나 재능, 내가 사랑하는 자녀들까지 결코 내 것이 아니라는 뜻이다. 그래서 우리는 우리가 하려는 일들이 하나님 뜻에 합당한지에 대한 여부를 성경으로 검증한 후에 실행하는 게 필요하다. 천지를 굽어보시는 하나님은 완벽하고 선하시지만 우리는 불완전하고 악해서 우리의 판단 속에는 오류가 나올 수 있기 때문이다. 오류투성이인 우리가 내 것도 아닌 것들을 내 맘대로 쥐고 흔들어서는 안 되지 않겠는가?

우리는 청지기로 부름 받았기 때문에 성경 전체를 통해, 특히 달란트 비유나 열 므나 비유, 포도원 비유 등의 성경 말씀을 통해 하나님께서 맡기신 물질을 어떻게 관리하고 증식하고 나누며 누려야 할 것인지를 공부할 필요가 있다.

나는 많은 물질을 잃고 회복을 향해 달려왔던 십 수 년의 세월 동안, 어떤 목적으로 돈을 벌어야 하는지부터 그 돈을 어떻게 관리하고 나누며 쓸 것인지 등의 문제들을 성경을 통해 하나하나 정립해 나갔다. 돈을 빌려주거나 빚보증을 서거나, 남이 하니까 나도 하는 섣부른 주식 투자 등에 쓰지 않겠다는 원칙도 세워나갔다. 빚을 졌을 때 어디서부터 어떻게 해결해야 하는지에 대한 우선순위와 방법의 문제도 오직 성경에서 찾아 하나하나 순종했다. 구제하고 나누는 데도 우선순위를 뒀다.

그렇게 말씀을 보며 회개하고 정리해 다시 한 걸음씩 내딛는 세월 속에서 내 삶은 조금씩 달라져갔다. 어떤 때는 하나님 뜻대로, 어떤 때는 내 뜻대로 물질을 사용하던 불의한 청지기의 모습을 청산하고, 일관되게 하나님 뜻부터 구하려는 신실하고 순전한 청기기로서 사명을 날마다 다짐하게 된 것이다.

"어떤 사람이 신실한 청지기일까?"

그 답을 찾기 위해 오랜 세월 달려간 끝에, 나는 내 땅에 피어난 '회복'이라는 싹을 기적적으로 마주대할 수 있었다. 여기서는 그 과정의 이야기를 풀어보려 한다.

고통이 되더라도 순종한다

1980년대 초반의 일이다. 자판기사업을 한다며 내게서 꽤 많은 돈을 빌려갔던 민주(가명) 엄마의 파산 소식이 들려왔다. 그 소식에 나는 너무나도 큰 충격에 빠졌다. 그 집의 파산이 나의 파선으로 이어질 거라는 걸 그 순간 직감했던 까닭이었다.

민주 엄마에게 돈을 빌려준 여러 채권자들도 난리가 났다. 그들은 민주 엄마가 해외로 도피하지 못하도록 우선 출국 금지 조치부터 취해야 한다고 주장했다.

'주님, 이제 어찌해야 합니까?'

너무도 답답한 마음에 눈을 감고 주님을 찾는데, 곧 망하게 될 내 처지보다 민주 엄마의 딱한 처지가 불현듯 내 마음에 파고들었다. 삶의 가파른 절벽 끝에서 어쩌면 그가 자신의 삶을 놓아버릴 수도 있겠다는 생각이 들었던 것 같다. 민주 엄마의 영혼을 불쌍히 여기시며 그를 찾으시는 하나님의 마음이 명치끝에서부터 전해져 왔다.

일단은 나락으로 떨어진 민주 엄마와 그 가족을 구하는 일이 급선무라는 생각에 채권자들을 설득하기 시작했다.

"어차피 민주 엄마가 여기 있어도 우리는 돈을 못 받습니다. 다 아시잖아요? 그들 손발이 다 묶였는데 어떻게 돈을 받겠어요? 그러니 그냥 보내줍시다. 혹시 압니까? 거기 가서 민주 엄마가 열심히 일하면 희망이 있을지?"

아닌 게 아니라 1980년대 초반이었던 당시만 해도 사업하다 망한 사람이 다시 회복한다는 건 극히 어려운 일이었다. 88서울올림픽을 치르기 전의 한국 경제는 그만큼 척박했다. 그러다보니 사회는 한국에서 재기의 가능성을 잃은 사람들에게 제3국으로 가서 새출발할 것을 권하는 분위기였다. 거기서 몇 년을 죽기 살기로 일하면 그나마 재기의 가능성이 있다고 보았다.

채권자들도 이 사실을 잘 알았다. 또한 그들은 모두 소액을 빌려주었던 터라 그들이 민주 엄마에게 받아야 할 빚을 합한 액수보다 내가 민주 엄마에게 받아야 할 액수가 더 많다는 사실도 잘 알고 있었다. 그래서인지 그들 모두 내 말을 받아들였다. 출국 금지 어쩌고 하던 말들이 곧 사라지고 그들 모두 어쩔 수 없다며 집으로 돌아갔다.

얼마 후 나는 민주 엄마 소식을 듣고 공항으로 향했다. 그것도 어디선

가 급하게 빌린 돈 50만 원을 든 채로…. 민주 엄마도 그렇지만 아직 생
떼 같은 어린 것들이 낯선 땅에 가서 굶주릴 수도 있다고 생각하니 내 마
음이 급해졌다. 만약 내 옆에 죽어 마땅한 죄인이 있어도 일단 그에게 밥
은 주고 죽게 해야 한다는 할머니의 말씀도 떠올랐다. 굶게 해선 안 돼.
굶게 해선 안 돼…. 나는 마치 민주네가 곧 굶어 죽기라도 할 것 마냥 혼
잣말을 되뇌며 민주 엄마를 찾아 공항에서 두리번거렸다.

"민주야!"

다급하게 부르는 내 목소리에 민주네 가족 모두 나를 쳐다보았다. 노
점에서 야채를 팔며 하루하루 살아가는 민주 엄마의 시어머니까지 공항
에 나와 계셨다. 한눈에 봐도 모두의 얼굴에 고통의 기색이 역력했다.

"민주야, 이거 갖고 가서 다만 한 달이라도 먹고 살아. 어떡하겠어?
이 아이들 굶게 할 수는 없잖아?"

당시 물가 기준으로 50만 원이면 한 달 이상은 너끈히 생활할 수 있
는 돈이었다. 그 돈을 민주 엄마에게 쥐어주자 곁에 계신 민주 엄마의 시
어머니가 공항 바닥에 주저앉아 대성통곡을 하셨다.

"아이고, 세상에. 부모가 해야 할 일을…. 나도 지금 애들 손에 한 푼
못 쥐어주고 보내는데, 그걸 친구 분이 대신하고 있네요. 세상에 이런 사
람이 어디 있대요?"

시어머니는 이어서 민주 엄마와 아빠를 보며 말씀하셨다.

"애들아, 내가 이제 너희들을 보면 언제쯤 다시 볼 수 있겠냐? 그래서
내가 유언하는 심정으로 말하는 것이니 잘 들어라. 니들은 이제 외국 가
서 밥만 먹을 수 있으면 그 나머지 돈은 다 이 분한테 보내라. 니네가 만

약 이 친구 돈을 떼먹으면 사람이 아닌 것이다. 그러면 하늘이 니들을 그냥 안 둘 것이니까 꼭 이 친구 분 돈은 먼저 보내드려야 한다."

시어머니의 말에 공항은 눈물바다가 되다시피 했다. 나는 떨고 있는 민주 엄마의 손을 잡고 간곡하게 말했다.

"민주야, 외국 가서 이 한 가지는 잊지 마. 내 돈은 혹시 못 보내더라도 거기 가서 예수님은 꼭 믿길 바래. 주일에 돈 벌어야 한단 생각 땜에 교회를 못 가거나 하지 말고 일단 교회부터 나가. 알았지? 거기 가서 예수님을 꼭 믿어야 돼."

내 돈을 떼먹고 도망치듯 떠나는 민주 엄마에게 예수님을 믿으라고 했던 그 말은, 내가 교회를 다니면서 누군가에게 처음으로 해본 전도였다. 나의 첫 복음전도대상자가 내 돈을 떼어먹고 떠나는 민주 엄마가 될 줄이야. 주님이 쓰시는 드라마는 언제나 상상 이상의 반전이 있었다.

그러나 민주네를 보내고 터벅터벅 집으로 돌아오는 내 걸음은 고통의 무게가 더해져 천근만근이었다. 민주네는 살렸지만 나는 이제 어떻게 살아야 하나 싶은 마음에 찬송을 부르며 하염없이 울었다.

"고통의 멍에 벗으려고 예수께로 나갑니다. 자유와 기쁨 베푸시는 주께로 갑니다. 병든 내 몸이 튼튼하고 빈궁한 삶이 부해지며, 죄악을 벗어버리려고 주께로 갑니다."

부했던 삶이 하루아침에 빈궁해지고, 자유와 기쁨이 사라진 것 같았던 그 시간에 왜 나는 하필 그 찬송이 생각났는지 모를 일이었다. 고통의 멍에를 벗은 게 아니라 오히려 더욱 짊어져야 할 것 같은 그 상황에서 나는 이 찬송을 부르고 또 불렀다.

한참의 시간이 지난 뒤에야 내가 왜 그때 민주 엄마에게 그런 행동을 했는지, 또한 왜 그 찬송을 부르며 울었는지 해석이 되었다. 공항에서의 내 행동을 이끌었던 주체는 그전과는 다른 주체였다. 민주 엄마에게 사업 자금을 빌려줄 때만 해도 나는 나 자신의 판단을 따라 행동했다면, 공항에서 민주 엄마에게 생활비를 쥐어줄 때의 나는 주님께서 내 마음에 속삭이시는 말씀을 따라 행하고 있었다.

아마도 그때 나는 주님의 청지기로 부르심을 받은 뒤 첫 번째 훈련 과정을 통과하고 있었던 것 같다. 내게 고통이 되고 손해가 나더라도 주인께서 말씀하시면 주인의 선하심을 믿고 그 뜻대로 행해야 함을 그 날 그 공항에서 몸소 경험했으니 말이다. 나도 모르는 사이에 그와 같은 청지기의 훈련 코스에 입소한 나는, 주인이신 하나님의 뜻대로 민주 엄마를 축복하며 떠나보낼 수밖에 없었다. 그러나 나로서는 죽을 것 같은 고통을 감내해야 하는 훈련의 배웅이었다.

청지기 훈련 2

빚에서부터 출애굽한다

민주 엄마가 떠난 뒤 내게는 안 좋은 일들이 연쇄적으로 일어났다. 내게서 돈을 빌려갔던 이들이 줄줄이 돈을 못 갚거나 종적을 감춰버리는 일들이 일어나고 말았다. 결국 나는 그로 인해 많은 빚을 져야 했다. 그래도 그때는 죽을힘을 다해 노력한 덕분인지 몇 년을 더 버틸 수 있었다. 하지만 수년 후에 나는 또 다시 큰 빚더미에 올라앉고 말았다. 이번엔 펀드매니저로서 무리하게 투자한 것이 화근이었다. 결국 나는 그 많던 돈을 다 잃고도 큰 빚까지 져야만 했다.

사람이 빚을 지고 산다는 건 목을 죄이는 고통 속에 사는 일임을 그때 알았다. 오래 전 외국으로 떠난 민주 엄마나 돈을 빌려간 다른 지인들이 내게서 가져간 돈을 돌려주기만 하면 모든 빚을 다 청산하고도 남았을 거라는 생각이 들 때마다 마음이 너무나 힘들었다. 내가 돌려받지 못한 돈은 내가 진 빚의 세 배가량이나 되었기 때문이다.

빚이 쌓이니 할머니 말씀이 자꾸만 떠올랐다.

"귀례야, 이 할미는 이담에 네가 신용을 목숨같이 지키는 사람이 되었으면 좋겠다. 신용을 지켜야 진짜로 성공할 수가 있는 법이거든."

가난에서 벗어나는 데 혈안이 되다시피 했던 1960년대와 1970년대는 '신용'에 대한 얘기를 하는 사람이 별로 없었다. 오직 가난에서 탈출하는 게 주된 화두라서, 수단과 방법을 가리지 않고 무조건 돈을 많이 벌기만 하면 선망의 대상이 되는 분위기였다. 그러나 할머니의 가르침은 그런 시대의 흐름까지도 꿰뚫고 있었다.

"무조건 부자 되는 것이 중요한 게 아니란다. 잠깐 돈을 끌어 모으는 형편없는 부자가 아니라 진짜로 좋은 부자가 되어야 혀. 그러려면 신용부터 지켜야 한다. 그런데 신용이란 돈과 시간, 그리고 네가 한 말, 이 세 가지를 다 말하는 것이다. 빌린 돈을 갚는 거, 그리고 시간 약속을 잘 지키는 거, 네가 한 말에 대해 책임지는 거. 그것을 지켜야 신용을 얻을 수가 있어. 불리할 때는 지킨다 약속해 놓고, 유리해졌다고 모른 척 안 지키는 그런 사람은 절대로 신용을 얻을 수가 없어. 그런 사람은 결코 진짜 부자가 될 수가 없는 겨."

할머니의 이 말씀은 성경의 가르침과도 맥락을 같이 했다. 성경은 우리가 어떻게 신용 있는 사람이 될 수 있는지, 더 구체적으로는 왜 빚 갚는 일에 최우선순위를 둬야 하는지도 자세히 나와 있는 책이다. 나는 할머니 말씀을 떠올리며 성경을 펴서 읽기를 반복하다가 내게 주시는 하나님의 말씀에 밑줄을 긋곤 했다.

> • • •
> 그러므로 예물을 제단에 드리려다가 거기서 네 형제에게 원망 들을 만한 일이 있는 것이 생각나거든 예물을 제단 앞에 두고 먼저 가서 형제와 화목하고 그 후에 와서 예물을 드리라 [마 5:23-24]

여기서 형제에게 원망을 들을 만한 일이란 어떤 일을 말하는 걸까?

다른 여러 가지 상황도 있겠지만, 내가 빚을 져보니 형제에게 빚진 일이야말로 형제에게 원망 들을 만한 대표적인 케이스라 할 수 있었다. 돈을 빌릴 땐 반드시 갚겠다 약속해놓고 나중에 모른 체하면 돈을 빌려준 사람이 얼마나 큰 고통에 빠지는지는 내 경우만 봐도 알 수 있었다.

그러므로 갚아야 할 빚이 시급하다면 예물을 제단에 드리기 앞서, 형제에게 진 빚부터 어떻게든 갚고 오려는 우선순위의 정립이 매우 필요하다. 어떤 면에서는 하나님께 감사헌금, 선교헌금, 구제헌금을 드리기 전에 먼저 형제에게 진 빚을 갚고 그 후에 헌금을 하는 게 옳을 수도 있다.

만약 내가 빚은 갚지 않은 채 거금의 헌금을 '오직 믿음으로' 하나님 앞에 드린다고 치자. 그때 내게 돈을 받지 못해 고통을 당하던 형제가 그 사실을 알게 된다면 큰 시험에 들 것이다. 내게 달려와 내 목을 비틀며 이렇게 외칠지도 모른다.

"나는 네가 돈 떼어먹는 바람에 죽을 지경인데, 너는 여기서 믿음 있는 척 헌금을 하냐? 그러면 하나님이 축복하신대? 다른 사람과 한 약속은 안 지켜도 되고, 하나님께만 실컷 돈을 바치면 복 주시는 그런 분이 하나님이셔?"

이처럼 그 형제는 나로 인해 하나님에 대해 단단히 오해해서 하나님과 멀어질 수도 있다. 이것만큼 하나님의 뜻에 어긋나는 일이 또 있겠는가! 게다가 그토록 화목하라 하시는 예수님의 말씀에도 역행하는 일이 되니, 결국은 하나님의 이름에 먹칠을 하게 된다.

갚을 수 없는 빚 앞에서 쩔쩔매게 되었을 때, 나는 이 말씀을 아픈 마음으로 묵상했다. 그래서 절박하게 기도하고 또 기도했다.

"하나님, 저는 한 푼의 빚도 떼어먹지 않겠습니다. 그렇지만 두 손 두 발 다 잘린 이 상황에서 이 많은 빚을 어떻게 갚아야 할지 모르겠습니다. 빚을 갚기 위해 불 가운데 뛰어들라면 그리 하겠습니다. 그러니 길을 내주세요. 하나님 은혜 가운데 빚을 갚을 수 있게 도와주세요."

빚 갚는 게 급했고, 빚 갚는 것 때문에 숨통이 조여 왔다. 우선은 빚이 해결돼야만 회복을 꿈꿀 수도 있고, 회복이 되어야 내 꿈을 향해 달려갈 수도 있었다.

그런데 그 기도에 대한 응답이었을까? 잃어버렸던 돈을 다시 회복하기까지는 그 후로도 오랜 시간이 걸렸지만, 빚 때문에 몸부림치며 기도했던 내용에 대한 응답은 몇 개월 만에 찾아왔다.

남편의 결단을 통해서였다. 내가 도전적인 유형이라면 남편은 안정적인 유형인 사람이었다. 내가 풍랑 이는 바다를 헤치며 고기잡이를 나갔다가 만선을 하든 파선을 겪든, 남편은 다시 돌아와 숨고르기를 할 수 있는 든든한 포구 같은 존재이기도 했다. 그 어렵다는 기술고시에 합격해서 국가공무원이 된 뒤부터 한 푼의 돈조차 쓸데없이 낭비하는 법 없이 알뜰하게 저축하며 정직하고 바르게 사는 사람이 내 남편이었다.

그런 기질이었기에 남편은 유독 빚지는 일을 싫어했다. 내가 진 빚의 규모를 안 뒤에는 나보다 더 괴로워했다. 결국 남편은 나를 위해, 또 가족을 위해 큰 결단을 내렸다. 채권자들을 불러 모아 빚을 꼭 갚겠노라 선포하고는 빚을 청산하는 일에 돌입한 것이다.

우선 우리가 살던 집부터 처분하기로 했다. 그러자 남편이 모르던 문제가 하나 터져 나왔다. 집을 담보로 2,000만 원을 대출해 건축헌금으로 드린 일이 고스란히 발각되고 만 것이다. 물론 하나님께 그 헌금을 드릴 때의 내 동기는 순수한 헌신이었지만 남편과의 상의 없이 몰래 행한 일은 분명히 잘못된 일이었다.

말씀에 비추어 회개할 일은 회개하고 사과할 일은 사과하면서, 나는 남편이 하자는 대로 따라갔다. 현금이 시급했던 우리는 담보 잡힌 그 집을 팔지 못한 채 전세를 주고는 그 전세금으로 빚의 일부를 갚았다. 그리고는 20년 후에나 받을 퇴직금 중 일부를 대출 받을 수 있었던 당시 제도를 활용해, 채권자들에게 차례로 빚을 갚아 나갔다. 내 빚을 대신 갚아주는 남편을 생각하니 미안한 마음이 너무 컸지만, 그 미안함과 고마움을 내 마음 깊이 간직한 채 훗날을 기약할 수밖에 없었다.

그렇게 해서 우리는 단 한 푼의 빚도 없이, 그러나 1원의 잔고도 없이 완전히 비워낸 몸으로 시댁에 얹혀살게 되었다. 사람들은 그런 우리를 딱하다는 듯 바라보았다.

하지만 내게는 그때의 그 순간이 애굽의 종살이에서 벗어난 이스라엘 백성들의 출애굽처럼 느껴지기도 했다. 어쨌거나 나는 놀라운 하나님의 은혜 속에 빚의 족쇄로부터 벗어난 자가 아닌가. 이제는 꽃길이 아닌 광야길을 걸어야 하는 문제가 내게 남아 있었지만, 하나님의 특별한 은혜 속에 종살이에서 벗어났으니 가나안 땅에 도착할 때까지 믿음과 감사로 광야길을 행군하리라 다짐, 또 다짐했다.

형제의 빚을 탕감해준다

지금 돌아보면 하나님께서 나를 청지기로 훈련하기 시작하신 때는 내가 하나님을 처음 믿은 직후부터였던 것 같다. 한 번 돈을 쥐게 되면 그 돈이 내 것인 양 내 마음대로 사용하게 되는 인간의 특성을 누구보다 잘 아시기 때문일까. 하나님께서는 내게 끊임없이 말씀을 주시며 앞으로 돈을 어떻게 벌어야 하는지부터 돈을 어떻게 관리하고 나누고 써야 하는지 등을, 때로는 혹독하게 때로는 잔잔하게 끝없이 훈련하셨다. 아마도 인간의 특성상 이 훈련을 받지 않으면 남들보다 무언가를 더 받는 게 축복이 아니라 저주가 될 수도 있기 때문이었으리라. 부자 되기를 꿈꾸는 나야말로 반드시 이 훈련코스를 지나가야 하는 사람이었다.

내가 받았던 청지기 훈련 중 가장 힘들었던 훈련이 있었다면 망하기 직전에 겪었던, '죄 사함'에 관한 훈련이 아니었나 싶다.

어느 날이었던가. 주기도문을 늘상 묵상하던 내게 다음의 말씀이 나를 날카로운 검처럼 찔렀다. 마치 '너는 왜 이 말씀대로 살지 않으면서 이 구절을 고백하고 있니?'라고 물으시는 것 같았다.

> • • •
> 우리가 우리에게 죄 지은 자를 사하여 준 것 같이
> 우리 죄를 사하여 주시옵고 [마 6:12]

우리 죄를 용서해 달라고 드리는 이 기도의 전제는 "우리가 우리에게 죄 지은 자를 사하여 준 것 같이"다. 이 말인즉슨, 우리에게 죄 지은 누군가를 내가 용서해주지 않으면서, 내 죄를 용서해 달라고 주님께 구할 수는 없다는 뜻으로 해석할 수 있다.

'그렇다면 내게 죄 지은 자가 누구지? 그리고 그 죄는 어떻게 사해줘야 하는 거지?'

말씀을 주신 하나님을 묵상하며 이 생각을 하는데 문득, 내게 돈을 빌려갔다가 그때까지도 돈을 못 갚고 있는 민주 엄마와 여러 사람들 얼굴이 떠올랐다.

'아 뭐지요, 주님? 그 사람들 빚을 탕감해 주라는 건가요?'

때는 바야흐로 펀드매니저로서 내 일이 점점 어려워질 때였다. 한 푼이 급하고 한 푼이 귀하던 시절이라, 그간 내게 돈을 빌려갔던 채무자들로부터 돈을 받아내면 숨통이 트이겠다고 생각하고 있었다. 그런데 하필 그런 시점에 하나님은 내게 이 말씀을 던져주시며 계속해서 묵상하도록 이끄셨다.

나는 사실 민주 엄마를 축복하며 보내긴 했어도 "너는 돈 안 갚아도 돼. 이제부터 너는 자유야!"라는 말을 굳이 입 밖으로 꺼내본 적은 없다. 어떤 면에서 나는 그런 말을 함부로 해선 안 된다고도 생각하는 사람이다. 돈을 빌려간 채무자에게는 그에 따른 책임을 지우게 하는 게 마땅하다고 여기기 때문이다.

그럼에도 주기도문 말씀은 내 머릿속에서 지워지지 않았다. 우리가 우리에게 죄 지은 자를 사하여 준 것 같이 우리 죄를 사하여 주시옵고….

그러던 어느 날이었다. 몇 년에 한 번씩 전화하던 민주 엄마가 오랜만에 내게 전화를 걸어왔다. 내 사정이 너무 어려울 때라 민주 엄마 전화를 받은 나는 하소연을 하다시피 했다.

"민주야, 나 죽을 지경이야."

내 말에 민주 엄마가 울먹이며 답을 했다.

"어떡하니? 아무리 열심히 살아도 네 돈을 갚을 길이 없어. 나는 이제 교회에 나가서 여전도회장까지 됐지만, 네 돈을 못 갚는 걸 보니 나는 죽어서도 천국에 못 갈 것 같아."

민주 엄마의 그 말에 우리는 같이 흐느낄 수밖에 없었다. 그러다가 문득 주기도문 말씀이 떠올랐다. 우리가 우리에게 죄 지은 자를 사하여 준 것 같이 우리 죄를 사하여 주시옵고…. 주님은 마치 "귀례야, 이 말씀에 순종할 수 있겠니?"라고 물으시는 것 같았다.

고통스러웠다. 하지만 빚을 갚고 싶어도 갚지 못하는 민주 엄마가 얼마나 빚의 무게에 짓눌려 살지에 대해서도 알 것 같았다. 주님이 내게 자유케 하는 복음을 주셨듯이, 나도 이제는 민주 엄마에게 자유를 줘야 할 때인가 싶었다. 눈물이 흘렀다.

"어쩌겠니, 민주야? 돈이 그렇게 없는데…. 하나님께서 갚아주실 거야. 그렇게 되도록 기도만 해 줘. 이제 다른 걱정은 말고."

그 말을 하기까지 나도 민주 엄마도 쉽지 않은 시간을 보내야 했다. 특히 나는 그 말을 하기 바로 전까지도 이 말을 할까 말까 망설였다. 그런데 순종하는 심정으로 일단 그 말을 뱉고 나니 내 마음에 이루 말할 수 없는 평안이 찾아왔다. 이제야말로 하나님께 "내가 나에게 죄 지은 자를 사하여 준 것같이 나의 죄를 사하여 주세요"라고 기도할 수 있는 담대함도 생겨난 것 같았다. 그러고는 한동안 이 사실을 잊고 살았다.

그런데 몇 달 후 내게 이와 관련된 놀라운 일이 벌어졌다. 그렇게 막아보려 애썼음에도 나는 결국 빚더미에 올라앉게 되었고, 또한 얼마 안 있어 그 모든 빚을 하나님의 은혜로 탕감 받게 된 것이다. 물론 앞서 말한 대로 내 빚은 남편이 대신 다 갚아주었다. 하지만 내 입장에서 보면 그건 탕감 받은 것과 다름이 없었다. 나는 내 빚을 갚는 데 단 한 푼의 내 돈도 사용하지 않았으니 말이다.

나중에야 안 일이지만 주기도문 말씀의 헬라어 원어를 보면 '죄'란 단어는 '빚'을, '죄 지은 자'는 '채무자, 신세를 진 사람'을 의미했다. 그렇다면 이 말씀은 이렇게도 바꾸어 해석할 수 있다는 뜻이다.

"내가 나에게 빚진 자를 탕감해 준 것 같이 나의 빚을 탕감해 주시옵고."

하나님은 과연 놀라운 분이시다. '죄'와 '죄 지은 자'의 원어의 의미조차 몰랐던 내게 이 말씀으로 다가와 탕감해 줄 것을 권유하시더니 결국 내 빚까지 탕감 받게 해 주셨다. 어쨌든 나는 가장 순종하기 힘든 훈련 덕분에 가장 큰 은혜를 받은 청지기로 살아갈 수 있었다.

받은 은혜를 나누며 산다

시댁에 들어가 살면서부터 남편은 내게 월급을 갖다 주지 않았다. 아마도 월급을 줬다가는 내가 그 돈을 교회에 가서 바치거나 그 돈으로 또 다른 사고를 치지 않을까 염려했을 수도 있다. 실제로 많은 돈을 한꺼번에 잃은 사람들은 하루라도 빨리 잃어버린 것들을 회복하려는 마음에 무리수를 두기도 한다. 그런 면에서 남편이 내게 월급을 주지 않은 것도 필요한 훈련이었다고 나는 믿는다.

남편은 내게 은인이었다. 아내가 진 빚을 대신 갚기 위해 자신의 모든 걸 다 털어 넣은 채 묵묵히 고생길을 함께 가는 남편은 마치 주님의 표상 같았다. 내 죄를 대속하기 위해 나를 대신해 십자가에서 값을 치르고 여전히 나와 동행하시는 예수님. 남편을 보면서 나는 예수님의 그 놀라운 대속의 은혜를 떠올리곤 했다.

그런 믿음 안에서 나는 그 어느 때보다 풍요로운 마음으로 살았던 것 같다. 은혜의 하나님을 생각하다보면 나도 이제는 은혜 베푸는 자로 살아가야 한다는 열망이 가난한 생활 속에서도 날마다 솟구쳐 올랐다. 지금은 척박한 광야길을 걷고 있지만, 은혜 베푸는 자세로 물 한 모금이라도 형제와 나누며 그 길을 걷는 것만이 이 거친 광야를 행복하게 지나갈 수 있는 비결이라고 믿어졌다. 가진 게 많아도 인색하게 살면 가난뱅이 인생일 뿐이지만, 가진 게 없어도 나누는 인생이야말로 진짜 풍요로운 삶이라는 믿음이 생겼다.

> ● ● ●
> 또 누구든지 제자의 이름으로 이 작은 자 중 하나에게 냉수
> 한 그릇이라도 주는 자는 내가 진실로 너희에게 이르노니 그 사람이
> 결단코 상을 잃지 아니하리라 하시니라 [마 10:42]

받은 은혜가 너무 커서 그랬을까. 당시에 나는 성경을 펴기만 하면 이웃에게 은혜를 베풀며 이 길을 가라는 구절들이 유독 눈에 들어왔다.

> ● ● ●
> 내가 기뻐하는 금식은 흉악의 결박을 풀어 주며
> 멍에의 줄을 끌러 주며 압제 당하는 자를 자유하게 하며
> 모든 멍에를 꺾는 것이 아니겠느냐 [사 58:6]

어느 날은 이 말씀을 묵상하는데, 하나님은 그저 한 끼를 금식하며 나 자신만을 위해 목이 터져라 외치는 기도를 기쁘게 받는 분이 아니라는 걸 깨달았다. 그분은 누군가의 결박을 풀어주는 실천적인 금식, 형제가 당하는 고통의 멍에를 풀어주는 실제적인 헌신을 받고 싶어 하시는 분이었다. 형제의 결박을 풀어주는 실제적인 사랑을 중요하게 여기시는 하나님 마음이 자꾸만 느껴졌다.

그런 하나님의 마음을 묵상하며 나도 그와 같은 형제 사랑을 하리라 다짐하던·어느 날이었다. 그날 나는 돈 1만 원을 들고 시장을 보러 나섰다. 어렵게 마련한 그 1만 원으로 두부도 사고 콩나물도 사서 그날은 가

족을 위한 저녁상을 맛나게 차려주고 싶었다. 내가 좋아하는 자두도 모처럼 몇 알 살 생각이었다.

그런데 시장으로 들어서자 어디선가 찬송가 소리가 나더니 몸을 땅에 엎드려 끌며 도움을 요청하는 한 시각장애우가 내 앞으로 다가오는 모습이 눈에 띄었다. 그런데 그 순간 이사야 58장 6절 말씀이 쿵 하고 가슴에 와서 박혔다.

'주여, 내가 한 끼를 굶어서 누군가의 결박을 풀어주는 금식을 하라는 것이죠?'

이 생각이 들자 나는 주저 없이 그에게 다가가 돈 1만 원을 그의 바구니에 집어넣었다. 바람에 날아가거나 누가 혹시 훔쳐갈까 싶어 1만 원을 바구니 아래쪽에다 넣고 바구니에 있던 동전 한 움큼을 집어 그 위에 덮었다. 그리고 앞이 안 보이는 그를 위해 축복의 말을 전했다.

"이거 1만 원이예요. 예수님의 이름으로 축복합니다."

깜짝 놀란 듯 내 쪽으로 고개를 돌리는 그의 몸짓을 보며, 적어도 그날 저녁만큼은 굶주림으로 인한 그 가족의 결박이 풀어지리라는 생각이 들었다. 그러자 누군가의 결박과 멍에를 풀어주기 위해 쓰는 돈이야말로 가장 가치 있는 돈이라는 깨달음을 얻게 되었다. 그 날 나는 한 끼를 금식해야 했지만 내 마음은 어느 때보다 배부르고 어느 때보다 기뻤다.

그때부터 하나님이 기뻐하시는 금식 훈련이 계속 이어졌다. 간혹 내 주머니에 1,000원밖에 없을 때 도움을 요청하는 형제를 만나면 나는 1,000원을 다 털어 그에게 주고 집까지 한두 시간을 찬송하며 걸어갔다. 그 걸음이 얼마나 가벼웠던지 "메마른 땅을 종일 걸어가도 나 피곤치 아니하며"라는 찬송가 가사가 내 삶에 저절로 이루어지는 축복을 누리기도 했다.

그러다 몇 년이 지나 우리가 시댁살이에서 벗어나자 그때부터는 좀 더 시야를 넓혀 이 말씀을 실천하기로 했다. 기도 끝에 안양교도소, 의정부교도소, 충주소년원, 포천 해뜨는 마을 등을 찾아다니며 교정사역에 힘쓰기 시작했다. 감옥에 갇힌 저들이야말로 우리가 힘써 결박을 풀어줘야 할 나의 형제와 자매로 여겨졌다. 어떤 날은 음식을 바리바리 싸들고 소년원을 찾아가 그 아이들과 함께 먹고 얘기하며 시간을 보냈다. 그런 뒤에 집으로 돌아올 때면 나는 꼭 주님께 이사야서 58장 6절 말씀을 아뢰며 그들을 위한 기도를 올렸다.

"주님, 주님께서 제게 그러하셨듯이, 저들을 묶고 있는 흉악의 결박을 풀어주십시오. 저들을 압제했던 죄의 사슬이 오직 주의 사랑으로 끊어져서 저들이 참된 자유를 누릴 수 있게 하여 주시옵소서. 주님의 은혜로 우리 형제들이 새로운 삶을 살아갈 수 있게 하여 주소서."

때론 손해도 감수한다

빚을 갚은 지 수 년이 지나 회복의 시기에 있었던 일이다. 어느 해인가 우리는 남편이 모은 돈으로 마당이 딸린 집을 한 채 사게 되었다. 오래되고 낡은 집이라 개축공사가 필요했지만 아직 그럴 만한 자금이 없었을 때라 먼저 전세를 준 뒤 2년이 지나 자금이 마련되면 개축공사를 하고 우리가 들어가 살기로 했다.

마침 다른 교회에 다니는 한 집사님이 세입자로 들어와 살게 되었다. 그런데 1년 6개월이 지나자 갑자기 세입자가 급하게 집을 뺄 수 있게 해 달라고 요청했다. 하던 사업이 망하는 바람에 전세금으로 빚을 갚고 작은 집으로 서둘러 이사를 가야 한다는 얘기였다. 알고 보니 채권자들이 그 집에 들이닥쳐 빨간 딱지까지 붙인 모양이었다.

"빨리 나갈 수 있게 해주세요. 날마다 채권자들이 들이닥치니 동네 창피해서 살 수가 없어요."

금방이라도 울음을 터트릴 듯 사정하는 집사님의 얘기에 나도 안달이 났다. 퇴근한 남편에게 당장 전세금을 마련해서 세입자가 나갈 수 있게 해 주자고 말했다.

"전세금을 빼주면 안 될까요?"

"아니, 지금 당장 어떻게 빼줘? 당신 정신 나간 거 아니야?"

"그 집사님이 너무 불쌍해. 너무 안 됐잖아요?"

"아이고, 자네가 더 불쌍하네. 왜 당신은 허구헌날 남 불쌍하다고만 얘기하는가?"

우리 부부 사이에 늘 오가던 얘기였다. 빚더미에 올라앉았을 때도 툭 하면 "여보, 오늘은 누구누구가 너무 불쌍해. 어떻게 도와주지?"라는 말을 내 입에 달고 살았고, 그때마다 남편은 "자네 처지가 더 불쌍하네"라고 응수해 왔다.

그러면서도 남편은 내가 해결할 수 있는 범위 안에서는 내가 하는 일을 그냥 두고 보는 편이었다. 그러나 이번 문제는 남편의 결재가 반드시 필요한 사안이었다. 전세 만기가 되면 우리가 집을 개축해서 들어가 살기로 했던 터라 다른 세입자를 들어오게 할 수도 없는 노릇이었다. 그러다 보니 지금 당장 그들에게 전세금을 돌려주려면 대출을 받아야만 했는데, 은행이자가 8%였던 시절이라 대출을 받아 전세금을 빼주면 한 달 이자만 무려 40만 원에 달한다는 계산이 나왔다. 당시 한 달 생활비가 50만 원 가량 되던 때라, 이자 40만 원이면 제법 큰돈이었다. 그것도 6개월을 우리가 감당해야 한다고 생각하니 남편으로선 엄두가 안 날 법도 했다.

　　그러나 그대로 두기엔 세입자의 사정이 너무 급박해 보였다. 물에 빠져 죽어가는 사람을 그냥 볼 수 없듯이, 하루하루 타들어가는 세입자의 마음이 느껴졌던 나는 그냥 있기 힘들었다. '40만 원 곱하기 6개월은 240만 원'이라는 계산도 하기 싫어졌다. 물에 빠져 죽어가는 사람 앞에서 그 계산이 다 무슨 의미란 말인가.

　　여기에 생각이 이르자 나는 나의 주인일 뿐만 아니라 돈의 주인이신 하나님께 금식으로 무장하고 기도하기 시작했다.

　　"하나님 아버지, 우리 남편을 성령으로 감동시켜 주셔서 하루 빨리 세입자에게 전셋돈을 빼주게끔 해주세요. 남편의 마음을 움직여서 그 돈이 세 사는 사람에게 흘러가게 해주세요. 하나님은 그러실 수 있는 분이잖아요."

　　얼마나 이 기도에 매달렸던지 어느 날인가는 전셋돈을 받아야 하는 사람이 그 세입자인지 나인지 헷갈릴 정도였다. 언제부터 내가 남의 문제를 놓고 내 문제처럼 기도하는 사람이 되었는지도 모를 일이었다. "아프냐? 나도 아프다"라는 유명 드라마 대사처럼, 내 안에는 어느덧 형제의 아픔을 내 아픔으로 느끼는 동지의식과, 더불어 살아가려는 공동체 의식이 자리잡아가고 있었다.

그래서인지 그 일로 인해 우리가 볼 손해에 대해서는 조금도 아깝다는 생각이 들지 않았다. 아니, 손해가 나더라도 하루빨리 전세금을 빼줄 수만 있다면 너무나 감사하겠다는 기도도 드렸다.

그 기도를 하나님께서 받으셨던 것일까. 기도한 지 2개월 만에 남편이 힘든 선택을 해 주었다.

"당신이 밥도 안 먹고 떼를 쓰며 기도하는 바람에 돈을 마련했네. 이 돈 세입자에게 주게나."

남편에게서 이 말을 듣자 얼마나 기쁘던지 나는 흥분된 목소리로 세입자에게 전화부터 걸었다.

"할렐루야! 돈이 됐어요. 빨리 우리 집으로 오세요. 우리 남편이 전셋돈 빼준대요."

나의 전화를 받고 한달음에 달려온 그 분은 매우 감격해 하며 그 자리에서 이렇게 말했다.

"정말 훌륭하신 분들이세요. 4개월 당겨서 주지 않으셨다면 우리가 어떤 일을 당했을지…. 이제부터 집사님들은 저의 은인입니다. 평생 은인."

증식을 위해 최선을 다해 준비한다

민주 엄마를 외국으로 떠나보내고 몇 년쯤 지났을 때의 일이다. 그날 나는 심방을 다녀온 오후 네다섯 시 즈음 피곤에 겨워 깜빡 잠이 들었다. 얼마쯤 잤을까. 꿈인지 생시인지 알 수 없는 비몽사몽간에 민주 엄마가 나를 찾아와 반갑게 인사를 건넸다.

"친구야, 나 한국 왔어."

"어? 언제 왔어? 무슨 일로 온 거야?"

"응, 나 있지, 인터뷰하기 위해 한국에 왔어."

그러고 보니 민주 엄마는 드넓은 초원에서 인터뷰 준비를 하고 있었다.

"내게도 이런 친구가 있다는 거 알리려고 인터뷰하는 거야. 너 같은 친구 덕분에 내가 아르헨티나까지 가서 대사업가가 된 걸 세상에 알리고 싶어."

그렇게 말하던 민주 엄마는 갑자기 뭔가를 꺼내더니 내게 건넸다.

"친구야, 이거."

"이거 뭐야?"

"응 내가 이제 너한테 빌린 돈 갚으려고. 이거 8억이야."

친구는 분명 8억 원이라고 말했지만, 내가 보니 친구가 건넨 것은 재개발 딱지였다.

"민주야, 이거 8억 아니야. 이거 재개발 딱지야."

"아니야, 그거 8억이야, 그니까 집에 가서 꼭 펴봐."

"아니야, 이건 재개발 물딱지라니까."

친구와 그렇게 실랑이를 벌이며 아니라고 손사래를 치는데 어디선가 전화벨이 울렸다. 전화를 받기 위해 나는 반사적으로 몸을 일으켜 전화기가 있는 곳으로 갔다. 그런 와중에도 민주 엄마는 내 귀에 대고 계속 8억이라 말하는 바람에 나는 귀를 후비며 전화를 받았다.

"여보세요? 네? 네, 네, 알겠어요. 그렇게 하세요."

무슨 전화였는지는 기억나지 않지만 간단하게 전화 업무를 마치고서야 나는 제정신이 돌아와 주변을 살폈다.

'얘가 어디 갔지? 방금 전까지 나랑 얘기하고 있었는데?'

그제야 나는 조금 전까지 서재에 누워 잠깐 잠을 자고 있었고 꿈인지 생시인지 모르게 민주 엄마와 얘기를 나누다가 전화를 받았다는 걸 알게 되었다.

'아, 이건 예사로운 꿈이 아니다.'

이 생각이 들자 나는 당장 집 밖으로 뛰쳐나가 부동산을 돌았다.

재밌는 일이지만 재개발 지역 투자에 관한 내 공부는 그렇게 시작되었다. 공부란 다른 게 아니었다. 재개발 지역의 중개업소에서 매일 살다시피 하며 거기 몰려온 복부인이며 투자가들의 말을 듣는 것이었다. 물론 재개발과 관련된 법률적 지식도 열심히 공부했다. 그러다보니 언제부턴가 어느 지역에 어떤 집을 사는 게 좋은지에 대한 전망과 안목이 생겨났다. 수중에 가진 돈이라곤 한 푼도 없으면서 나는 그렇게 재개발에 관련된 공부를 하느라 여념이 없었다.

그때 내가 재개발 공부에 뛰어든 것은 오래 전부터 묵상했던 마태복음 25장의 내용과도 관련이 있었다. 마태복음 25장에 소개되는 달란트 비유의 내용은 대략 이렇다.

한 주인이 타국에 가면서 그 종들에게 각각 그 재능대로 금 다섯 달란트, 두 달란트, 한 달란트를 주고 갔다. 그랬더니 다섯 달란트 받은 자는 그것으로 장사해서 다섯 달란트를 남겼다. 두 달란트 받은 자 역시 두 달란트를 남겼다. 그런데 한 달란트 받은 자만은 그걸 땅속에 묻어두었다. 그러자 돌아온 주인은 각각 다섯 달란트와 두 달란트의 이익을 남긴 이들에게는 착하고 충성된 종이라며 아낌없이 칭찬했다. 그러나 한 달란트를 땅에 묻은 채 아무것도 하지 않은 종에게는 악하고 게으른 종이라 책망했다.

나는 마태복음에 나오는 이 비유를 묵상할 때마다 청지기의 주된 사명 중에는 '증식'도 있음을 알게 되었다. 하나님께서 우리에게 재능이나 물질을 주실 때, 그걸 묻어두는 게으름에 빠지지 말고 지혜롭고 성실하게 활용해서 반드시 이익을 남기는 것이 청지기의 본질적 사명 중 하나였다.

나는 물질 문제로 어려움을 겪던 시절에 이 달란트 비유를 자주 묵상했다. 그래서인지 주인이신 하나님께서는 내게도 언젠가 두 달란트든 다섯 달란트든 맡겨주실 거라는 믿음이 들었다. '그러면 그때 나도 그걸 가지고 이익이 남는 장사를 해야지, 그러니까 지금 가만히 앉아 있으면 안 돼. 그때를 위해 준비해야 해'라는 생각을 자주 하게 되었다. 재개발과 관련된 꿈을 꾼 뒤에 날이면 날마다 발로 뛰어다니며 재개발사업과 관련한 공부에 매진했던 이유도 그 때문이었다.

그런데 그 공부를 시작한 지 2년여의 시간이 흐른 뒤 내게도 드디어 증식의 기회가 찾아왔다. 시댁에 들어가 산 지 얼마쯤 지났을까. 전에 살다가 전세로 내놓았던 우리 집 값이 그새 껑충 뛰는 일이 생겼다. 그 덕분에 우리는 그 집을 팔아 전세금까지 다 내어주고도 1억 원의 차익금을 남길 수 있었다. 남편은 그 돈을 내게 쥐어주며 말했다.

"자네, 이걸로 그간 하고 싶었던 일을 해보게."

남편은 내 은사나 능력을 누구보다 인정해주는 사람이었다. 나와 달리 돌다리도 두드려보고 건너는, 조심스럽기 이를 데 없는 성격이면서도 가끔씩 내게 "자네는 남자로 태어났더라면 사막에서도 대기업을 일궜을 사람이야"라고 칭찬할 줄도 알았다.

그런 남편이 1억 원을 내게 맡기니 나는 꼭 그 돈으로 재기의 발판을 삼고 싶었다. 마침 그때는 재개발지역 투자에 관한 나의 공부가 어느 정도 무르익었을 때이기도 했다. 이 돈을 어떻게 활용해야 할지 곧 구상이 되었다. 시댁으로부터 독립도 해야 하고, 동시에 이 1억 원으로 재기의 발판도 삼아야 한다면 재개발지역에 있는 집을 잘 골라서 들어가 사는 게 최선의 길이라 판단했다.

그리고 그 판단은 적중했다. 수없이 발품을 팔고 다니던 끝에 드디어 나는 재개발 지역의 재래식 변소가 딸린 어느 한 집을 발견해서 구입했다. 그리고 이때를 기점으로 나는 서서히 남는 장사를 계속해 갈 수 있었다.

뒷장에서 얘기하겠지만, 하나님의 부어주심이 시작되면 얼마나 놀라운 일들이 벌어지는지, 그분은 최소 30배를 부어주신다는 사실을 나는 실감할 수 있었다. 그러다보니 앞뒤 계산 없이 하나님의 말씀에 순종하며 드렸던 일들을 하나님께서 다 보고 계셨다는 생각이 들었다. 하나님께서는 내가 심었던 것의 최소 30배를, 많게는 60배, 100배, 1,000배까지 쳐서 안겨주셨다. 감당할 수 없을 정도로 부어주시는 하나님의 은혜는 그렇게 시작되었다.

창고의 빗장이
열릴 때까지

꿈이 안내해 준 집

재개발 관련 공부를 하다 보니 집을 보는 안목이 높아진 터라 우리 집을 선택하기까지 우여곡절이 참 많았다. 어떤 집을 보면 이게 마음에 안 들고, 또 다른 집을 보면 저게 마음에 안 들었다. 때로 나는 "분명 35평이라고 했는데 가로세로 재보니 31평밖에 안 되잖아요"라며 걸음을 돌리기도 했다. 그러다 한 날은 중개업자가 대뜸 이렇게 말했다.

"사모님, 오늘은 내가 최고로 아껴놓은 집 보여줄 테니까, 만약 이 집도 싫다 그러면 다신 우리 부동산 오지 말아요. 안 팔아도 되니까. 오늘로 나오는 끝인 겁니다."

보여주는 집집마다 트집을 잡으며 싫다고 하니 중개업자도 지친 모양이었다. 투덜거리는 그 분을 따라 길을 나섰다.

"이 집이예요. 한번 둘러보시죠."

대문을 열고 집에 들어서자 할아버지 한 분이 아궁이 앞에서 불을 때며 눈짓으로 인사하셨다. 나도 인사를 나누며 그 곁으로 가 앉았다. 그 순간 아궁이 속에서 빨갛게 점화되던 불길이 화르륵 타오르며 나를 반겨주었다. 그 불길이 얼마나 세차게 타올랐던지, 몇 년 전 남편이 대통령상을 받아 함께 산업시찰 여행을 하던 중에 보았던 포장제철의 용광로가 연상될 정도였다.

"어머, 불이 정말 잘 타네요."

날이 제법 추웠던 때라 따뜻한 온기를 쬐며 아궁이 속을 들여다보았다. 그러자 불현듯 지난밤에 꿨던 꿈이 선명하게 떠올라 깜짝 놀랐다.

꿈속에서 나는 어느 집을 찾아갔다. 그러자 한 무리의 아줌마들이 내게 다가오더니 "당신네 집에 지금 불이 났으니 빨리 불을 끄세요"라며 성화를 부렸다. 사람들의 말에 나는 그 집 아궁이 앞으로 달려가 안쪽을 쳐다보았다. 아궁이 안쪽에서는 용광로 같은 불길이 거세게 타오르고 있었다. 그런데 그걸 본 나는 마치 금은보화를 발견하듯 기뻐 어쩔 줄 몰라 하며 모여 있던 아주머니들에게 가서 이렇게 말했다.

"아주머니, 이 불은 타서 없어지는 그런 불이 아니고요. 용광로 속에서 영원히 꺼지지 않는 불이니까 걱정하지 마시고 다들 가세요."

불을 끄라던 사람들을 집 밖으로 내보낸 나는 아궁이를 보며 다시 한 번 외쳤다.

"이 불은 영원히 꺼지지 않는 불이다!"

꿈에서 깨어난 나는 기분이 너무 좋아서 날아갈 것만 같았다. 물론 꿈은 객관적으로 입증할 만한 성질의 것은 아니다. 그러나 나는 꿈을 통해 하나님의 사인(Sign)을 받을 때가 가끔 있다. 그런 꿈을 꾸고 나면 평소의 꿈과는 달리 현실처럼 너무나 선명해서 잠에서 깬 후에도 생생하게 기억나며 오래도록 잊히지가 않는다.

중개업자가 안내한 집에서 간밤에 꿨던 꿈이 생생하게 떠오르자 갑자기 내 가슴이 콩닥거리기 시작했다. '이 집이다'라는 확신이 들었다. 조용히 일어나 집을 둘러보니 과연 그 집은 그간 내가 공부했던 좋은 집의 조건과도 잘 맞아떨어졌다. 도로변의 코너에 위치한 데다 북향 쪽으로 도로가 나 있어 집을 건축할 때 한 층을 더 지을 수 있기 때문에 감정평가에도 유리한 집이었다. 겉으로 보이는 재래식 화장실이나 아궁이 난방 같은 것들은 문제될 게 하나 없었다. 오히려 집을 산 뒤부터 나는 날마다 그 아궁이에 불을 때면서 "초막이나 궁궐이나 내 주 예수 모신 곳이 그 어디나 하늘나라"라는 찬송을 부르며 꿈의 가나안 땅을 향해 힘찬 걸음을 내디딜 수 있었다.

그렇다고 그 집을 사자마자 당장 삶의 질이 달라지거나 부자가 되었다는 뜻은 아니다. 하지만 나는 하나님의 사인을 확신했기에 그 이후 단 한 순간도 내 미래에 대해 의심해 보지 않았다. 부자가 되려는 내 꿈의 불길은 그 집에서부터 점화되어 활활 타오르고 있다고 날마다 확신했다.

99퍼센트보다 큰 1퍼센트

"천재는 99퍼센트의 노력과 1퍼센트의 영감으로 이루어진다"는 말이 있듯이, 사람은 누구나 열심히 노력하며 살아야 한다. 아무런 노력을 하지 않으면 아무것도 이룰 수 없는 게 불변하는 우주의 질서이기 때문이다. 그래서 나도 수년 동안 땀 흘리며 재개발 관련 공부를 하는 데 모든 노력을 바쳤다. 그런 준비나 노력 없이 남는 장사를 꿈꿔선 안 된다는 걸 누구보다 잘 아는 나였다. 덕분에 나는 오늘날 재개발에 관한 법률적 지식이나 안목에 있어 누구보다 전문가가 되었다고 자부할 수 있다.

그러나 제아무리 99퍼센트의 노력을 하더라도 그보다 더 중요한 1퍼센트가 없다면 아무것도 안 됨을 우리는 바로 알고 있어야 한다. 이 1퍼센트가 왜 그토록 중요한지를 알려면 내 본질적 정체성이 '청지기'임을 먼저 인식할 필요가 있다.

청지기가 어떤 자인가? 청지기는 열심히 수고하고 충성하는 사람이지, 어떤 일에 대한 최종 결정권을 가진 자가 아니다. 예를 들어 회사에서 직원이 미래사업구상에 대한 문서를 99퍼센트 완성했다고 해도 그 회사 대표가 그 문서를 보고 결재란에 오케이 사인을 해줘야만 구상안은 통과될 수 있다. 만약 회사 대표가 결재란에 사인해 주지 않으면 직원이 99퍼센트 완성했던 미래사업구상안은 휴지 조각으로 쓰레기통에 버려질 수밖에 없다.

그래서 주인이 내려주는 1퍼센트의 오케이 사인은 아무것도 아닌 것 같지만 사실은 모든 것이라 할 수 있다. 그것은 그 결재란에 사인을 한 주인이 필요한 모든 것을 제공하며 모든 책임을 지겠다는 약속이기 때문이다.

불을 떼는 집에서 살던 시절, 나는 성경을 읽다가 우리 인생을 이끄시는 하나님의 이와 같은 원리를 발견한 적이 있다. 그때 나는 이 1퍼센트와 같은 하나님의 사인을 기다리는 게 청지기의 당연한 의무이자 지혜임을 깨닫고 나도 그런 사람이 되기로 결심했다. 내가 아무리 애쓰고 힘써서 99퍼센트를 이루더라도 하나님의 결재 여부에 모든 것을 맡기며 순종하는 자로 살기로 한 것이다.

이후 내 삶에 눈에 띄게 달라진 게 있었다. '이거다' 하며 투기하듯 몰려드는 사람들을 보더라도 그 소란이 한바탕 지나갈 때까지 끓는 냄비처럼 이슈화되는 사업에 휩쓸려 함부로 뛰어드는 법이 없었다는 점이다. 어떤 식으로든 하나님의 생각을 알려주실 것을 믿고 잠잠히 그분의 뜻을 기다리는 일이 점차 내게 습관처럼 자리 잡은 까닭이었다.

그렇다면 하나님의 사인을 어떻게 받아야 하는가에 대한 질문이 나올 수 있다. 이에 대해서는 복잡할 게 없다. 하나님께서는 거의 대부분 성경 말씀과 그 말씀을 깨닫게 하시는 성령님을 통해 그분 자신의 뜻을 우리에게 알려주시는 분이다.

> • • •
> 보혜사 곧 아버지께서 내 이름으로 보내실 성령 그가 너희에게
> 모든 것을 가르치고 내가 너희에게 말한 모든 것을 생각나게 하리라
> **[요 14:26]**

그 외에도 꿈이나 환상, 예언과 같은 방법으로도 하나님의 사인을 알려주실 때가 있지만 내 경우만 봐도 그런 일은 극히 이례적으므로 말씀 외에 다른 방법으로 하나님의 뜻을 찾으려는 시도는 매우 조심해야 한다.

여기서 내가 말하고 싶은 것은, 때마다 최종 결정을 앞두고 주인이신 하나님의 결재를 기다리는 자세가 우리에게 있는가 그렇지 않은가다. 이 자세의 유무에 따라 내가 청지기로 살아가고 있는가 그렇지 않은가가 최종 판가름 날 수 있다. 죽을힘을 다해 사업구상안 99퍼센트를 완성한 내 노력이나 안목보다, 마지막 1퍼센트의 결재권을 가지신 하나님의 선하고 온전하신 안목을 더 신뢰할 수 있는가? 이 질문 앞에 언제나 'Yes'라고 답하며 살면 충성된 청지기다. 그러나 이 대답을 하지 못한다면 불의한 청지기라 말할 수밖에 없다.

평범한 일상의 다리도 건너

우리는 재래식 변소가 딸린 집에서 세 번의 겨울을 보냈다. 그때마다 나는 눈 내리는 바깥 풍경을 뒤로 한 채 아궁이 속에서 활활 타오르는 불길을 보며 맹추위 속에서도 꺼지지 않는 내 꿈을 하나님께 아뢰곤 했다. 영원이라는 시간 속에 새겨진 하나님과 나만의 그와 같은 영적 추억이 있었기에 3년이라는 시간은 꿈같이 흘러갔다.

그 뒤 우리는 마당 넓은 집을 사서 내 손으로 직접 개축공사를 한 후 그 집에 들어가 살았다. 정원사도 쓸 필요가 없었다. 나무며 야생화며 내가 직접 사다가 직접 심고 가꾼 우리 집 정원은 어느 집 정원보다 푸르고 아름다웠다.

잘 꾸며진 우리 집은 온누리교회 성령축제 때마다 미자립교회 목사님들이 머무시는 숙소로 활용되었다. 다람쥐와 청솔모도 찾아오고 새들의 노랫소리가 들려오는 우리 집이야말로 그동안 영혼 구원을 위해 힘쓰느라 심신이 지쳐버린 목회자들에게 좋은 안식처로서 적합하지 않았나 싶다. 나는 그런 기회를 주신 하나님께 감사하는 마음으로 새벽부터 밤까지 목사님들과 함께 성령축제에 임했다. 그러다 축제가 끝나 지교회로 돌아가신 목사님들이 연락을 주시면, 나는 그 교회로 달려가 내가 섬길 수 있는 방법으로 힘껏 섬긴 뒤에 집으로 돌아오곤 했다.

그러나 그때까지도 나는 '마음은 원이로되 주머니가 비었구나'라며 종종 한탄해야 했다.

좋은 집에서 살고 있다는 겉모습과 달리 여전히 내 주머니 사정은 빈약해서였다. 남편이 내 모든 빚을 갚아준 뒤부터 우리 집의 모든 경제권이 남편에게 넘어가 있어서 내가 쓸 수 있는 돈은 일절 없었다. 그렇다고 남편을 탓할 수는 없었다. 남편 역시 자신을 위해 쓰는 돈이 거의 없었기 때문이다. 남편은 가족을 위해 쌀과 반찬에 과일까지 다 사다 놓았지만, 정작 자신은 술, 담배는 입에도 대지 않은 채 식사조차 빵과 우유 등으로 간단하게 때울 때가 많은 사람이었다. 그리고 남은 월급은 모조리 저축했다. 덕분에 우리는 그 어려움을 딛고 마당이 있는 집까지 살 수 있었다.

두 번을 망하고 일어서는 풍파의 세월을 딛고 우리가 거기까지 이른 것만으로도 놀라운 일이긴 했다. 하지만 내게 따로 들어오는 수입이 없다보니 누군가를 도와야 할 때마다 빈약한 내 주머니 사정에 마음이 아플 수밖에 없었다. 화장 한 번 하지 않고 머리끝부터 발끝까지 자연인(?)으로 사는 일은 이력이 나서 어렵지 않았다. 그러나 돕고 싶은 사람을 돕지 못하는 것은 정말로 괴로운 일이었다.

그러던 중 온누리교회 가정사역학교에서 문정인 집사란 친구를 만나게 되었다. 문 집사는 여러 모로 나와 닮은꼴이었다. 추구하는 바나 처해진 상황도 비슷했다. 장차 하고 싶은 일을 하기 위해 사업을 하다가 망한 전력도 비슷했고, 둘 다 남편이 번듯한 직장을 가진 덕분에 남들에게 공감 받지 못하는 고통을 호소하는 사람처럼 보인다는 점도 비슷했다. 그래서인지 우리는 가정사역학교가 끝나고 나면 둘이 앉아 할 얘기가 많았다.

"얘기 들었지? 요즘 ○○○ 전도사님이 굶으신대. 너 얼마 있어?"

"나 5만 원."

"나도 3만 원. 근데 이거 반찬 사야 하는데?"

"나도 이 5만 원 차에 기름 넣을 돈이야."

잠시 서로의 얼굴을 보며 침묵하던 우리는 동시에 주머니를 털어 돈을 내놓으며 말했다.

"이 돈 부쳐드리자."

서로의 주머니를 털면 어떤 때는 8만 원, 어떤 때는 10만 원, 어떤 때는 20만 원이 되었다. 우리는 이 돈을 받는 분에게 하나님의 생명이 함께 전달되기를 간절히 기도한 후 은행으로 향하곤 했다.

믿음의 동역자 된 친구와 함께, 없는 중에도 소소하게나마 사역자를 섬기던 그 시간들은 그간에 꿨던 내 꿈들을 꺼뜨리지 않고 계속해서 타오르게 하는 한 점의 불씨가 되어주곤 했다. 인생에는 특별한 일을 하는 것 같진 않아도 앞으로 해야 할 특별한 일을 위해 꼭 건너야 하는 소소한 일상의 다리가 몇 개 있다는 걸 그 때 그 시간들을 통해 느낄 수 있었다.

온몸으로 드리는 예배

어느 날이었던가. 문 집사가 문득 이런 제안을 했다.

"신 집사, 우리가 푼돈을 모아서 사역자들을 돕는 것도 좋지만, 좀 더 힘을 모아서 실제적으로 도울 수 있는 길을 찾아보자."

"어떻게?"

"선교사님들이 안식년을 맞거나 은퇴를 해서 우리나라에 들어오면 쉴 곳이 없잖아. 그분들을 위해 우리가 게스트하우스를 하나 지으면 어떨까?"

문 집사의 말을 듣자 나는 가슴이 뛰었다. 선교사님들을 위해 게스트하우스를 짓는 일은 예전부터 나도 꿈꾸어오던 일이었기 때문이다. 그러나 지금 우리 현실에서 어떻게 그 일을 할지는 미지수였다. 이런 의문을 전하는 내게 문 집사는 자신의 친정엄마 건물에 대해 이야기했다. 문 집사의 친정엄마인 여주기 권사님은 온갖 어려움 끝에 사업에 재기한 후 NGO단체를 운영하며 수많은 심장병 어린이들을 돕는 분이셨다.

"우리 엄마가 얼마 전 건물을 경매 받아서 그곳으로 회사를 이전하고, 용산에 있던 본래 회사 건물에는 세를 놓기로 하셨어. 그런데 거기가 180평이야. 게스트하우스를 하기에 딱 좋지? 문제는 거기에 모 잡지사가 들어오기로 구두계약을 마친 상태라는 거지. 보증금 5,000에 월세 500이라는데, 우리가 그 건물을 얻을 수 없을까?"

그러더니 문 집사는 바로 이어서 말했다.

"신 집사, 우리 땅 밟기 하자. 너 땅 밟는 데 선수잖아?"

문 집사의 그 얘기에 나는 속으로 적잖이 놀랐다. 친정엄마에게 그런 재산이 생기면 보통은 어떻게 그 재산을 불릴까를 고민하는 법인데, 이 친구는 지금 선교사님들의 쉼터 마련을 위해 친정 엄마의 그 재산을 드릴 수 있기를 고대하고 있었다. 그것도 맨땅에 헤딩하듯이 땅 밟기 기도를 제안하면서….

친구의 제안대로 우리 둘은 그때부터 여리고성을 돌듯이 그 건물을 돌며 땅 밟기 기도를 시작했다. 더불어 문 집사는 친정 엄마를 찾아가 이 건물을 달라고 간곡히 요청하는 일을 쉬지 않았다.

그러기를 얼마쯤 했을까. 놀랍게도 여 권사님은 구두계약을 취소하면서까지 그 장소를 선교사 쉼터로 활용하도록 허락해 주셨다. 주님의 일을 위해 보증금 5,000만 원은 물론, 매월 500만 원의 월세 수익금을 모두 포기하는 그 모습에 나는 많은 감동과 교훈을 받았다. 하나님의 사람이 어떻게 평생 하나님의 일을 해나가야 하는지에 대한 롤모델을 발견한 느낌이랄까. 가난할 때 생활비의 전부이다시피 한 소액을 하나님께 드리는 것도 어려운 일이지만, 부자일 때 큰돈을 하나님께 드리는 것 역시 쉽지 않은 일이다. 가난한 자든 부유한 자든 자신의 향유 옥합을 깨뜨리는 자를 통해 하나님은 일하신다는 걸 나는 그 분들에게서 볼 수 있었다.

그때부터 게스트하우스를 짓겠다는 우리의 계획은 더욱 탄력 있게 진행되었다. 일단 문 집사는 선교사를 위한 게스트하우스 운영이 가장 잘이루어진다는 태국까지 가서 현장을 보고 왔다. 그런 다음 부엌과 화장실과 침실이 있는 방 7개를 설계해 견적을 냈다. 총 견적은 약 1억 5,000만 원 정도였다. 준비된 비용이 전혀 없는 우리로서는 이때부터 비용 마련을 위한 모금을 전개함과 동시에 공사비 절감을 위한 아이디어를 짜야 했다.

그때 묘안이 하나 떠올랐다. 내가 직접 헌금할 수 없는 형편이라면, 내 재능과 몸을 주님 앞에 드려야겠다는 생각이 든 것이다. 이름 없이 거금을 드려 하나님의 사업을 하도록 돕는 여 권사님을 떠올려보니 나 역시 소리 없이 내 온 몸을 드려 헌신할 수 있는 기회가 지금이다 싶었다. 마침 문 집사도 이런 말을 했다.

"신 집사, 네가 집을 그렇게 멋지게 지은 것도 이때를 위함이었나봐. 더도 덜도 말고 이 게스트하우스를 꼭 니네 집처럼만 지어주면 좋겠어."

그렇게 해서 총 인테리어 감독을 맡게 된 나는 다시 견적을 내보았다. 인테리어 감독비와 나의 인건비 등을 모두 빼니 총 6,000만 원이면 공사를 마칠 수 있겠다는 계산이 나왔다.

그때부터 문 집사와 나는 6,000만 원의 후원금 모집을 위해 기도하기 시작했다. 동시에 나는 날마다 현장에 출근해서 감독을 하며 때론 인부들과 함께 벽돌을 나르며 공사장에서 살다시피 했다. 어떤 날은 모자를 눌러쓴 채 벽돌을 나르는 등 잡일을 하고 있으면 새로 온 인부가 이렇게 묻기도 했다.

"어, 아줌마? 거 일 되게 잘하네. 아줌마 일당 얼마 받고 해요?"

"저요? 저 되게 많이 받아요."

그렇게 대답을 하고 나면, 나는 이상할 정도로 가슴이 벅차올라 눈물이 핑 돌기도 했다. 뿌연 먼지가루 날리는 그곳이 어떤 곳인가. 그곳은 내 온 몸을 드려 하나님을 예배하는 곳이요, 하나님이 임재하시는 곳이었다. 그곳에서 나는 감히 일당이라는 말로는 표현할 수 없는 하나님의 크나큰 은혜를 날마다 누리고 있었다.

> ● ● ●
> 그러므로 형제들아 내가 하나님의 모든 자비하심으로 너희를
> 권하노니 너희 몸을 하나님이 기뻐하시는 거룩한 산 제물로 드리라
> 이는 너희가 드릴 영적 예배니라 [롬 12:1]

나를 다 바쳐도 좋을 만큼의 대상을 만난다는 것만큼 우리 인생의 큰 축복이 어디 있으랴. 나는 벽돌을 나르고 시멘트를 바르는 현장에서 내 목숨을 드려도 될 만큼 좋으신 하나님을 묵상하는 동안 그분을 더 깊이 알아가는 축복을 누렸다.

하나님이 어떤 분이신가. 아무것도 없는 우리를 사용해 이 선교센터를 짓도록 인도하시는 분, 이렇게 지어진 선교센터에서 주님의 충성된 사역자들에게 쉼과 격려를 주실 수 있는 분, 그리고 당신의 사랑하는 종들인 선교사님들을 움직이셔서 저 오지의 원주민들에게 천국 초대장을

보내주시는 분이다. 그렇게 모든 사람을 자기 백성으로 사랑하시고, 이 사랑을 위해 천지만물을 움직이시는 분이 바로 우리가 예배하는 전지전능한 하나님이시다.

누더기 같은 옷을 걸친 채 벽돌을 나르며 하나님을 하루 온종일 예배하던 그 시절, 나는 시간마다 하나님을 알아가는 기쁨에 겨워 어느 때보다 충만하게 공사현장을 누비고 다녔다.

그때 나는 알 수 있었다. 우리가 온 몸을 드려 하나님을 예배할 때 하나님은 당신이 어떤 분인지를 우리에게 나타내 보여주신다는 것을, 그 하나님을 깊이 알아갈수록 청지기의 충성도는 높아질 수밖에 없다는 것을 말이다.

> ● ● ●
> 내가 여호와인 줄 아는 마음을 그들에게 주어서 그들이 전심으로
> 내게 돌아오게 하리니 그들은 내 백성이 되겠고
> 나는 그들의 하나님이 되리라 [렘 24:7]

더 멋진 협상

우리가 꿈꾸던 게스트 하우스를 멋지게 완공해 하나님께 올려드린 지 몇 년이 지난 때였다. 부동산 전문가인 내가 보기에 지금 당장 사들인다면 큰 이익을 볼 만한 땅을 발견한 일이 있었다. 복잡한 사정이 얽혀 있는 상속재산의 땅이다 보니 주인이 시세보다 절반가량에 내놓은 땅이었

다. 당장이라도 내가 사들일 수 있다면 큰 이익을 볼 수 있겠다는 생각이 들었다. 이익이 보장된 투자를 할 수 있는 절호의 기회였다.

마침 펀드매니저로서 내 안목과 신용을 믿어주는 투자가들이 나타났다. 그들은 적게는 3억 원에서, 많게는 5억 원까지 투자해 그 땅을 함께 사들이기로 했다. 그들에 비하면 적은 액수의 돈이지만, 나도 그간 일하고 절약하며 아낀 돈을 다 쓸어 모아 1억 원을 투자하기로 했다. 이 1억 원이 불어나면 드디어 나도 꿈을 향해 도약할 수 있지 않을까 하는 기대 감으로 가슴이 부풀어 올랐다. 그러면서도 한편 이럴 때 어디선가 좀 더 돈을 빌려 투자할 수 있다면 더 많은 돈을 벌 수 있겠단 생각에 가슴이 막 타들어가기도 했다. 그만큼 그 일은 투자가들에게 흔치 않은 기회였다.

그런데 중도금을 치르기로 약속한 날을 1주일 앞두고, 수년 전에 우리 가족이 잠깐 다녔던 순천의 자그마한 교회의 교인으로부터 전화가 왔다.

"집사님, 큰일 났어요. 교회가 난리가 났어요. 어떡해요?"

2층짜리 교회당을 예쁘게 지어 입당예배를 드렸다는 소식을 들은 지 몇 년 지나지 않을 때였다. 그간 모아 놓았던 헌금으로 교회당을 지은 줄로만 알았는데, 사정을 들어보니 그게 아니었다. 교회당을 짓다가 중간에 자금이 부족했던 그 교회는 목사님의 형님 집과 사모님의 동생 집을 담보로 3,000만 원의 대출을 받고서야 겨우 교회당을 완공했다고 한다. 그러다보니 교회는 건물을 다 지은 후에도 사정이 점점 더 어려워져서 원금은커녕 이자도 갚지 못했다는 것이다. 결국 은행에서는 두 집에 가압류 처분을 내리기로 하고 집행인을 보내서 지금 막 빨간 딱지를 붙이려 하고 있었다.

이 황망한 소식에 나는 눈앞이 캄캄해지는 것 같았다. 이 일로 인해 목사님 가정에 문제가 생기고 교회가 문을 닫게 된다면 그 책임이 내게 돌아올 것만 같았다. 이상하리만치 그 일이 내 일, 내 집안 사정처럼 느껴졌다.

숨이 가빴던 나는 단 1초의 망설임도 없이 빨간딱지를 붙이는 집행인을 바꿔달라고 재촉했다. 그러고는 1주일 뒤에 내가 틀림없이 돈을 보내줄 테니 그 일을 멈춰달라고 통사정했다. 집행인들은 얼굴도 보지 않고 전화에 대고 사정을 하는 아줌마를 어떻게 믿느냐며 소용없다고 했지만, 나는 내 주민번호와 집 주소까지 알려드리며 1주일만 미뤄 달라고 눈물로 호소했다. 1주일 후에 만기가 되는 적금이 있기 때문에 대출의 원금과 이자를 합한 3,500만 원을 반드시 보낼 수 있다며 구체적인 약속으로 설득을 했다.

결국 한참 동안 협상을 하고 나서야 그들로부터 1주일만 기다리겠다는 얘기를 들을 수 있었다. 고맙다고 인사하고 전화를 끊고 보니, 그제야 내가 눈물과 콧물로 범벅이 된 채 전화기를 붙들고 있다는 걸 깨달을 수 있었다. 갑자기 맥이 탁 풀렸다. 내가 빚 진 것도 아닌데 내가 왜 이러고 있었을까 하는 마음이 들어 서러움이 한꺼번에 밀려들었다. 더구나 1주일 후에 만기가 되어 찾을 1억 원에서 3,500만 원을 보내주고 나면 투자금이 7,000만 원도 남지 않을 것을 생각하니 기가 막혔다. 펀드매니저로서 다른 투자자들 보기가 낯부끄럽다는 생각도 들었다.

답답한 마음에 정원의 잔디밭으로 나간 나는 그 자리에 털썩 주저앉아 소리를 지르며 목 놓아 울었다.

"하나님, 나 어떡하면 좋아요. 내가 무슨 정신에 그 돈을 보내준다고 약속했는지 모르겠어요. 약속을 했으니 돈은 보내줘야 되잖아요? 교회는 살려야 하잖아요? 그런데 내 꿈은 어떻게 되는 거예요? 내가 부자 되어서 예수님의 이름을 땅 끝까지 전하는 일을 할 거라고 그렇게 하나님 앞에 서원했는데, 나는 이제 부자가 될 수 있는 기회도 다 놓치게 되었어요. 하나님 나 어떡하면 좋아요?"

기도인지 하소연인지 모를 그런 고백을 쏟아 부으며 얼마 동안을 그렇게 울었는지 모르겠다. 그간 현실에서는 한 번도 본 적 없었던 한 광경이 현실보다 더 현실처럼 갑자기 내 눈 앞에 펼쳐졌다. 내가 구하지도 않았고 원하지도 않았던 '환상'이란 게 그렇게 내 눈 앞에서 펼쳐질 줄이야….

흰 눈보다 더 흰 옷을 입은 할아버지 한 분이 자기 몸보다 더 큰 짐, 아니 금방이라도 짐에 치어 넘어질 듯 커다란 짐을 지고 계셨다. 나는 얼핏 그 분이 산신령인가 싶었다. 얼굴빛도, 입고 계신 옷도 온통 순백이었다. 넋을 잃고 바라보는 내게 그분이 말씀하셨다.

"내가 바로 네가 찾는 하나님이다."

순간 나는 뭐라 답해야 할지 알 수가 없었다. 하지만 그 분의 등에 맨 짐이 너무 크고 무거워 보여 마음이 아팠다. 얼마나 그 짐이 무거워 보였던지 그 등이 구부정 휘어 쓰러질 것 같이 보일 정도였다. 그 분은 이어서 이렇게 말씀하셨다.

"네가 나의 짐을 들어주었으니 이제 내가 네 평생의 짐을 들어주겠다. 그러니 아무 걱정하지 마라."

놀라운 일이었다. 내가 어떻게 그런 말씀을 들을 수 있단 말인가. 우주만물을 지으시고 우리의 생사를 주관하시는 하나님에 비하면 나는 그저 어느 작은 교회의 위기를 조금 도와주었을 뿐이다. 그런데 하나님은 그런 나의 작디작은 행위를 당신의 짐을 들어준 것으로 여겨주시고, 내 평생의 짐을 들어주겠다는 약속까지 해 주고 계셨다.

아…. 하나님의 그 말씀에 서럽고 속상했던 내 마음은 오간 데 없이 사라져버렸다. 대신 내 마음에는 아름다운 노을이 온 하늘에 번져가듯 말할 수 없는 평안만이 계속해서 번져갔다.

그 이후에 일어난 일들을 떠올려보면 뭐라 논리적으로 설명할 길이 없다. 그저 하늘 창고의 문이 열린 것 같았다고 표현할 수밖에…. 내 꿈을 걸고 모았던 돈을 순천의 한 교회로 보내고 난 이후 내 주머니에는 돈이 끊이지 않고 계속 들어오는 기적이 일어났다.

위에서 말했던 땅을 산 일이 직접적인 원인은 아니었다. 그 땅을 사기 위해 만났던 투자가들로부터 시작해 좋은 사람들과의 만남이 연속해서 이어지더니 내 이름이 많은 이들에게 알려진 게 돈을 번 직접적인 원인이라면 원인이었다. 재정에 대해 컨설팅을 해 주는 자산관리사로서의 내 전문적 소양이 드디어 사람들에게 인정받게 된 것이다. 내게 컨설팅 의뢰가 쉴 새 없이 들어오면서부터 내 주머니에도 돈이 차고 넘치게 되었다.

그리고 더 놀라운 건 그렇게 벌어들인 돈으로 부동산에 투자를 하면 또 다시 많은 수익이 내게로 돌아왔다는 사실이다. 하나님께서 내 손에 복을 주셔서 재물 얻을 능력을 갖게 하셨다고밖에는 말할 길이 없었다.

하나님이 주실 때는 밀물처럼 주신다고 했던가? 나는 마치 바닷가에서 정신없이 고동을 잡다가 순식간에 가슴께까지 차오른 밀물을 만난 느낌이었다. 망할 때도 정신이 없었지만 돈을 벌어들일 때도 정신이 아득할 지경이었다. 내가 하는 모든 일과 내 손이 닿는 모든 일에 복을 받은 느낌이었다.

그래서 나는 그 시절, 이따금씩 정신을 차리고 스스로에게 묻곤 했다. 그분이 왜 하늘 창고의 문빗장을 열어 이토록 부어주시는 것인지, 이 부어주심을 통해 주인이신 하나님께서 내게 바라고 원하시는 바는 무엇인지를….

우리는
회복으로 간다

생업이 잘되기를 구하라

"어떻게 해야 부자가 되나요?"

처음 자산관리사로 활동할 때뿐 아니라 지금까지도 나는 이 질문을 참 많이 받는다. 어쩌면 나는 지금까지의 내 경험담을 통해 이에 대한 답변을 하고 싶었는지도 모르겠다. 그러나 나의 경험담과는 비교할 수 없는 하나님의 말씀을 통해 답을 찾는 것이야말로 가장 지혜로운 일이라고 나는 믿는다.

이 말씀에는 형제의 궁핍함을 보고 아낌없이 주는 자에게 하나님께서 복을 주신다는 축복의 원리가 담겨 있다. 여기서 우리는 적어도 두 가지 사실을 확인할 수 있다.

첫째, 복을 주시는 분은 하나님이라는 사실이다. 이 말을 달리 하면 재물을 포함하여 인생을 사는 데 필요한 것들은 물려받은 재산과 같은 환경에서 나온다기보다, 말씀의 원리를 따라 복을 주시는 하나님으로부터 온다는 의미다. 따라서 어떻게 해야 하나님으로부터 오는 복을 받을 수 있는지 발견하고, 그 길 위로 묵묵히 걸어가는 게 참된 믿음의 삶이라 할 수 있다.

둘째, 하나님은 우리 손이 하는 일 즉 생업을 통해 복을 주신다고 말씀하셨다. 요리사라면 음식 장사가 잘되게 하심으로, 농부라면 농사짓는 땅에 풍작을 주심으로, 나 같은 자산관리사라면 많은 고객들과 연결되게 하심으로 돈을 벌게 하신다. 결코 하나님은 우리에게 하늘에서 돈이 떨어지는 요행의 방식으로 부자가 되도록 인도하시지 않는다는 뜻이다.

그러나 의외로 많은 이들이 이 중요한 사실을 놓치며 산다. 어차피 복이란 하나님이 주시는 것이니 생업의 복을 받기 위해 우리가 그토록 땀 흘리며 애쓰지 않아도 된다는 식이다. 소위 믿음 좋은 크리스천일수록 그런 경우가 많다.

과연 그럴까? 여기 한 크리스천이 있다고 가정해 보자. 그는 음식점을 운영한다. 남을 도와주고 싶은 마음이 남달라서 종종 궁핍한 이들을 도와준다. 그런데 음식점 위생 관리는 엉망이다. 음식을 맛있게 만들기 위한 노력도 하지 않는다. 그러면 그는 그의 손이 하는 일을 통해 복을 받을 수 있을까? 안타깝게도 그런 사람은 복을 받기가 쉽지 않다. 왜냐하면 이 말씀에서 암시하는 대로 그 손으로 하는 일인 생업에는 최선을 다하지 않았기 때문이다.

또한 골로새서 3장 23절에서는 "무슨 일을 하든지 마음을 다하여 주께 하듯 하고 사람에게 하듯 하지 말라"고 말씀하고 있다. 그런데 손님들에게 마음을 다하여 주께 하듯 하지 않고 비위생적이고 성의 없는 음식들을 내놓는다면 이는 주님을 홀대하는 것과 다름이 없다.

손님들을 주님 대하듯 하려면 자기 손으로 일하는 생업의 현장에서 주님을 위해 최선을 다해야 한다. 그럴 때 하나님께서는 그 일을 도우셔서 약속하신 대로 복을 더해주실 것이다.

나 역시 이 말씀에 비추어 스스로에게 가끔 묻곤 한다. 나는 자산관리사로서 고객을 주님처럼 대하고 있는가? 하나님께서 내 손으로 하는 일에 기쁜 마음으로 복 주실 수 있도록 주님 대하듯 고객들을 대하고 있는가?

나는 자산관리사로서 고객들을 대할 때 제일 먼저 그 고객의 입장으로 공감할 수 있게 해달라는 기도를 하나님께 드린다. 나는 망하기도 했고 흥하기도 했으며, 밑바닥과 부유함을 경험하기도 했다. 그래서인지 빚진 자를 만나면 빚진 자의 마음으로, 부자를 만나면 부자의 스케일로 모든 재무 구조를 바라보게 된다. 때로는 죽음을 앞둔 암 환자가 되어 가진 재산을 증여하는 게 좋을지 상속하는 게 좋을지도 생각한다. 그러고는 하나님께 다시 묻는다.

"내가 저 사람이라면 어떻게 할까요?"

저 사람이 진 빚, 저 사람이 가진 재산, 저 사람이 처한 가족관계, 저 사람이 가진 능력…. 이 모든 걸 가늠한 후에 나는 그 사람이 되어 그의 인생 안으로 들어간다. 그런 후에 나의 재무 능력을 최대한 발휘한다.

그렇게 내가 그 사람이 되면 내 평생에 걸쳐 쌓은 이론과 실제 모든 인생 지식과 믿음의 경험을 다 쏟아 붓는 게 하나도 아깝지가 않다. 어디서부터 어떻게 재무 설계를 해야 그 사람에게 최선이 될지가 눈에 들어온다. 그렇게 고객과 공감하고 교감하며 컨설팅을 하면 그 고객은 그때부터 나의 충성고객이 된다.

이처럼 고객들이 계속 연결되어 충성고객이 늘어가는 것이야말로 내 손으로 하는 일에 복을 받았다는 증거가 될 수 있다. 요리사든 회사원이든 미용사든 하나님께서 주시는 복을 받는 원리는 이와 비슷할 것이다.

2005년도 즈음부터 내게는 그런 충성고객들이 계속 늘어갔다. 하나님은 내게 "네가 내 짐을 들어주었으니 이제는 내가 네 평생의 짐을 들어줄게"라고 약속하셨던 대로, 중년의 한 가운데에 들어선 시기에 내 이름을 만방에 알려주셨다. 그로 인해 내 손으로 하는 일이 복을 받았을 뿐 아니라, 고객들도 나를 통해 복을 받을 수 있게 해주셨다.

전문가의 도움을 받으라

기업이 큰 어려움에 처할 때는 구조 조정에 돌입해야 한다. 부채 리스크가 크다고 볼 때는 소유한 부동산을 매각하거나 합병해야 하고, 방만한 경영일 때는 직원 수를 줄이고 부처 간 통합을 추진하는 등 군살을 빼고 체질을 개선하여 건강한 기업으로 혁신해야만 살아남을 수 있다.

이는 비단 기업만의 얘기가 아니다. 개인도 기업과 똑같이 저성장이 지속되는 이 시대에 맞게 구조조정을 해야 알차고 튼실한 가정경제를 이룰 수 있다. 나는 개인의 빚 청산과 효율적 재테크를 통해 재산을 관리해주는 자산관리사로서, 개인이 구조 조정을 얼마나 잘 하느냐에 따라 미래가 달라지는 걸 수없이 경험했다.

5년 전, 5억 원짜리 집을 보유한 데다 수입도 비슷하고 자녀수까지 똑같은 몇 가정이 있었다. 그런데 그들 중 어떤 가정은 5년 후 10억 원 이상으로 재산이 늘어났지만, 어떤 가정은 재산이 별로 늘지 않거나 오히려 재산이 줄어든 경우도 보게 되었다.

그렇다면 그들 중 재산이 크게 불어난 사람은 어떻게 관리를 했기에 그만큼의 증식을 할 수 있었을까? 그들에게만 특별한 재무구조 능력이 주어졌던 것일까? 결코 그렇지 않다. 그들에게 특별함이 있었다면, 5년 전 전문가를 찾아 도움을 받는 지혜를 발휘했다는 것뿐이다.

우리 모두는 세상살이에 필요한 모든 분야의 전문가가 될 수는 없다. 특히나 경제 분야는 우리의 삶과 밀접해 있으면서도 사회 구조와 역사 흐름, 모든 인간관계와도 복잡하게 얽혀 있어 어떻게 이 문제를 풀어가야 할지에 대한 전문적 식견을 갖기가 매우 어렵다. 그렇다고 현대를 사는 사람들로서 이 문제를 외면한 채 살아갈 수도 없다. 미국의 연방준비위원회 전 의장이었던 앨런 그린스펀은 "문맹은 생활을 불편하게 할 뿐이지만, 금융문맹 특히 경제문맹은 생존 즉 살아있는 자체를 불가능하게 만든다"고 말했다.

그래서 나는 경제 전문가의 도움을 정기적으로 받는 게 우리 인생에 매우 중요한 일이라고 침이 마르도록 강조한다. 이는 마치 정기적으로 의료 전문가를 찾아가 건강검진을 받으면 질병을 예방할 수 있고 건강하게 살 수 있는 이치와도 같다.

현재의 자산과 부채는 적절한 것인지, 수입에 비해 지출은 양호한 것인지, 저축과 보험은 이익을 많이 낼 수 있는 기관에서 거래하고 있는지, 노후대책 및 상속과 증여는 어떻게 할 것인지, 부채가 있다면 어떻게 갚아야 최단 시일 내에 빚으로부터 탈출할 수 있는지 등을 경제전문가에게 점검 받아야만 한다.

하지만 여전히 많은 이들이 자신의 재정 상태를 공개하는 게 부끄럽다는 이유로, 또 필요성을 못 느낀다는 이유로 전문가와 상담하기를 주저한다. 그러면 그럴수록 회복과 도약의 기회도 늦어진다는 걸 너무나 쉽게 외면해버리는 것이다. 늪에 점점 깊이 빠져 들어가는 사람이 다른 이에게 도움을 요청하지 않는다면, 그거야말로 가장 미련하고 불행한 일임을 기억해야 한다.

나는 큰딸을 키우며 전문가의 도움을 받는 게 얼마나 중요한지 실감한 적이 있었다. 큰딸이 어렸을 때만 해도 내겐 하나님으로부터 아이를 위임받아 키운다는 청지기의식이 부족했다. 그래서 나는 하나님께서 어떤 계획과 목적으로 이 아이를 이 땅에 보내셨는지에 대해 깊은 관심을 두지 못했다. 그저 나는 이 귀한 아이를 내가 직접 멋진 작품으로 만들어 내리라는 당찬 포부와 뜨거운 열정만을 품은 엄마였다. 그러다보니 하나님께서 아이에게 주신 타고난 기질이나 재능이나 은사를 살피고 그에 맞게 아이를 양육하려 하기보다는, 내 판단과 뜻과 계획대로 아이를 엄하게 교육하는 데만 열중했다. 음악과 미술을 좋아하는 내 취향대로 아이에게 바이올린과 미술을 하도록 수년간 종용했던 일이 그 한 예였다.

이를 위해 투자한 비용과 에너지, 시간도 막대했다. 큰딸은 한동안 엄마가 시키는 대로 잘 따라주는 듯 했지만 결국 바이올린과 미술을 그만둬야 했고, 그 후 새로운 진로를 찾는 데 한참동안 애 먹으며 힘든 시간을 보내야 했다.

무엇이 문제였을까? 아주 오랜 시간이 지나서야 나는 전문가를 찾아 큰딸의 타고난 기질과 재능 검사를 의뢰했다. 그때 나온 결과는 나를 깜짝 놀라게 했다. 큰딸에게는 음악이나 미술적 재능은 거의 없는 반면 논리수학 영역이 영재급 수준인 것으로 나왔기 때문이다. 그동안 큰딸을 음악가나 미술가로 키우려 했던 일들이 얼마나 어리석은 짓이었는지를 깨닫는 순간이었다. 나는 큰딸에게 "엄마가 너무나 잘못했다. 엄마를 용서해 줄 수 있겠니?" 하며 눈물로 사과하지 않을 수 없었다.

좋은 타이밍에 전문가를 찾는 일은 이처럼 중요하다. 그렇다고 모든 일을 할 때 전문가를 맹신하라거나, 전문가라면 다 옳은 상담을 해 준다는 뜻은 아니다. 경제 분야든 교육 분야든 필요할 때 전문가를 찾되 그 사람이 과연 그 분야에서 종합적 이해도를 가진 사람인지를 먼저 확인해 봐야 한다. 그렇지 않으면 자칫 전문가에게 받은 상담이 독이 될 수도 있기 때문이다.

자산관리만 해도 그렇다. 나는 진정한 자산관리를 위해서는 부동산과 금융과 보험을 다 아울러 균형 있게 컨설팅을 해야 한다고 믿는다. 그러나 간혹 매체에 나오는 자산관리사들 중에는 한쪽 면만을 지나치게 강조하는 이들이 많다. 예를 들면 금융에 대한 실력은 뛰어나지만 부동산에 관한 경륜이나 지식은 부족한 전문가들이다. 이들은 자칫 한쪽으로 치우친 컨설팅을 할 수밖에 없다.

하지만 우리나라는 국토 자체가 좁은 데다 대부분의 시스템(경제, 금융 등)이 수도권에 몰려 있다. 이런 현실에서는 부동산을 중심에 두지 않은 채 자산이나 부에 관한 상담을 균형 있게 한다는 게 매우 위험한 일이다.

따라서 재정 상담을 받고자 한다면 반드시 금융과 부동산 분야의 고른 실력자인지를 먼저 점검한 후 상담 받아야 한다. 그런 다음에는 자산관리에 대해 무지했던 자신의 한계를 인정하고 전문가가 제시한 방법을 늘 되새기면서 배운 바를 꾸준히 실행하는 태도가 필요하다.

나 역시 내담자의 꾸준한 실행 의지를 매우 중요하게 본다. 그래서 나는 상담할 때마다 반드시 가위 하나를 들고 상담을 시작한다. 체크카드(통장에 현금이 있는 카드, 한 달 생활비 한도를 설정해둔다) 하나만 남기고 모든 카드를 자르기 위해서다.

물론 가위로 고객의 카드를 잘라도 은행에 다시 신청하기만 하면 다시 사용할 수 있다. 그러나 나는 내담자의 확고한 의지를 실험해 보기 위해 이 일을 먼저 실행한다. 부채가 많은 사람(적정한 주택담보대출 제외)의 경우, 이 방법을 쓰지 않고서는 평생 부채의 늪에서 빠져나오기가 쉽지 않기 때문이다. 충동구매와 과소비의 주범인 카드를 잘라 없앰으로써 그 전의 안일하고 방만했던 가계구조를 재편해야만 살 수 있다는 사실을 각성시켜 준다고도 볼 수 있다.

우리가 사는 세상은 유토피아가 아니다. 더 많은 부를 이루기 위해서는 가계구조를 체계적으로 시스템화해야 한다. 그렇지 않으면 가정 경제가 제대로 돌아갈 수 없는 게 우리의 적나라한 모습이고 실상이다. 개인구조조정도 이론만 가지고는 탁상공론에 불과하다. 내게 맞는 전문적 시스템을 반드시 구축해야만 한다.

다시 말하면 현장경험이 풍부하고 실전 노하우가 있는 개인 구조조정 컨설팅을 먼저 받는 게 중요하다는 뜻이다. 그런 전문가를 찾아 구조조정을 얼마만큼 잘 받느냐, 또한 그렇게 배운 바를 얼마나 꾸준히 실행하느냐의 여부에 따라 회복으로 가는 당신의 시계는 더 빨라질 수도 늦어질 수도 있다.

도약하기에 늦은 때란 없다

1만 시간의 법칙을 처음 주장한 말콤 글래드웰은 하루 3시간씩 꾸준히 10년만 실천한다면 그 일에 전문가가 될 수 있다고 했다. 나는 이 말을 이렇게 적용해 전하고 싶다.

감당할 수 없는 빚의 무게에 짓눌려 있는가? 그렇다면 지금 당장 전문가를 찾아가서 상담 받으라. 그리고 전문가에게 배운 것을 밑거름 삼아 최소 10년 간 연구하며 반복해서 실천해 보라. 그러면 10년 후에는 빚으로부터 완전히 탈출한 자신을 보게 될 것이다. 더 나아가 부자가 되어 있을지도 모른다.

빚 앞에서든 삶의 다른 문제 앞에서든 많은 사람들이 절망하는 대표적인 이유는, '문제를 회복하기에 지금은 너무 늦었다'고 생각하기 때문이다. 그러나 소설가 조지 엘리엇이 말한 대로, 당신이 원하는 모습이 되기에 너무 늦은 때란 없다(It's never too late to be what you might have been). 지금이 빚 갚기를 시작할 때고, 지금이야말로 공부를 시작할 때며, 지금이 바로 꿈꾸기를 시작할 때다. 너무 늦어서 시작조차 할 수 없다는 생각 자체가 어떤 문제보다 더 시급히 해결해야 할 가장 큰 문제인 것이다.

흔히 부자가 되기 위해서는 '20퍼센트의 지식과 80퍼센트의 실천'이 필요하다고 말한다. 그래서 나는 내담자들에게 "냉장고 앞면에 빚의 목록을 적어 붙이고 빚이 하나씩 청산될 때마다 빨간색 펜으로 줄을 그어

보라"고 권한다. 신문지에 돋보기를 대고 햇빛을 한 곳으로 모으면 불이 붙듯이, 빚 갚는 과정이나 부자 되기를 꿈꾸는 과정도 그렇게 온 정신을 집중해서 실천해야 성과를 볼 수 있다. 그것도 단시간이 아닌 적어도 수년, 길게는 10년 이상을 꾸준히 집중해야 한다. 그리고 그 오랜 기간 집중할 수 있는 힘은 "이 일을 해야 할 때는 바로 지금이다!"라는 호전적이고 지속적인 믿음이다. 지금이 우리 아이의 회복을 위해 기도할 때고, 지금이 우리 가정의 빚 갚기를 위해 매진해야 할 때며, 지금이 내 꿈을 이루기 위해 준비할 때임을 발견하는 사람은 후회 없는 미래를 맞이할 수 있다.

나는 늦은 나이에 많은 일들을 시작한 사람이다. 그 중 하나가 자산관리사 자격증과 관련된 일이다. 나는 본래 타고난 경제 감각을 가진 데다 은행과 세무서, 공인회계사 사무실, 그리고 중견기업에서 장부정리를 맡았던 특별한 경험들을 바탕으로 자격증 없이도 재정 관련 상담을 해주는 데 어려움을 느끼지 않았다. 오히려 몇몇 사람들에게 재정 상담을 해주었더니 내 이름이 널리 알려질 정도였다.

하지만 결국엔 공인된 자산관리사 자격증이 없다는 이유로 사람들에게 인정받지 못하는 현실에 부딪쳐야 했다. 실력과 경험은 충분한데 단지 자격증이 없다는 이유로 인정받지 못하는 현실에 억울함을 느낀 나는 피눈물을 흘리며 며칠 동안 하나님께 간절히 기도했다. 그러자 하나님은 확실하고 분명한 응답을 주셨다.

"모든 것을 질서 있게 하라." 고전 13:44, 40

하나님의 단호하신 말씀에 나는 정신이 번쩍 들었다.

"맞습니다. 하나님."

그 다음날이 되자 나는 곧바로 강남의 유명한 Y학원에 수강신청을 하러 갔다. 증권회사와 금융권 등에 취업하기 위해 자격증을 따려는 20~30대 젊은 취준생들이 입구에서부터 인산인해를 이루고 있었다. 50대가 넘은 사람은 나밖에 없었다. 안내하는 사람은 그런 나를 보더니 이렇게 말했다.

"아주머니? 여기 보험 들 사람 없어요. 나가 주세요."

"아니, 저, 수강신청하러 왔는데요?"

"아? 그래요? 나이가 어떻게 되는데요?"

나는 당당하게 되물었다.

"왜요? 나이가 제한이 있나요?"

그날부로 나는 맨 앞자리 정중앙을 내 자리로 정해 공부했다. 수업 시간마다 다양한 현장 경험을 바탕으로 많은 질문을 퍼부었다. 그러다 보니 어려운 질문으로 강사를 당황시키는 학생으로 소문이 났다. 그러던 어느 날 원장 선생님의 호출이 왔다. 원장 선생님은 나를 보며 통사정을 했다.

"신귀례 씨, 질문할 게 있으면 쉬는 시간에 해 주세요. 만약 그렇게 해 주시면 저번에 구입하려던 책을 공짜로 드리겠습니다."

그렇게 재미있는 에피소드를 만들며 적극적으로 열심히 공부한 결과, 은행이나 증권가에서 일한 사람들도 단번에 따내기가 쉽지 않은 자산관리사 자격증을 나는 단번에 따낼 수 있었다.

이처럼 나는 지금껏 어떤 일을 새로 시작할 때 늦었다고 지레 포기하거나 망설인 적이 거의 없다. 아마도 젊은 시절 남다르게 치열한 삶의 현장에서 넘어지고 일어서는 경험을 여러 번 반복해 보았기 때문일지도 모르겠다.

나에게는 늦은 나이에 얻은 둘째딸과 셋째아들이 있다. 이 아이들을 품에 안을 때도 '이 늦은 나이에 어떻게 아이를 키워?'라는 생각을 해 본 적이 없다. 오로지 하나님께서 아이를 주셔서 감사하다는 기도를 드릴 뿐이었다. 그 덕분에 나는 지천명(知天命)을 훌쩍 넘은 나이의 중고등학생 학부형이지만 여느 사십대 아줌마처럼 열혈 엄마로 살고 있다. 때론 몸이 아파 기력이 떨어져 누워 있다가도 "자네, 저 아이들 생각해서라도 일어나야 하지 않겠나?" 하는 남편의 말을 들으면, 지쳐가던 몸에 생기가 생겨서 벌떡 일어나기도 한다. 이 얼마나 멋지고 감사한 일인가.

그래서 나는 사람들에게 말할 수 있다. '나이가 너무 많아서' 혹은 '여건이 너무 어려워서'라는 이유로 꿈꾸는 일을 멈추지 말라고. 여건이나 환경을 보기보다 하나님을 바라보며 도전을 시작하라고. 그러면 우리를 도우시고 일을 이루시는 하나님께서 우리 미래를 약속하신 대로 이끄시리라 나는 확신한다.

지금도 나는 나이 때문에 무언가를 시작할 수 없다고 생각하지 않는다. 다만 이 일을 할 것인가 말 것인가를 하나님 앞에서 기도로 분별하며 결정할 뿐이다. 그런 후에는 그 결과에 대한 염려나 두려움은 모두 하나님께 맡긴 채 과녁을 향해 올인한다. 그러면 어떤 결과든 후회 없이 받아들여지고 삶에는 평안과 기쁨이 스며든다.

시간을 창출하는 부자가 되라

나는 직업상 많은 부자들을 만나면서 그들의 평생에 걸쳐 형성된 공통 습관을 발견했다. 그 중 하나가 시간을 돈처럼 귀하게 여기는 모습이다. 그들은 '돈의 재테크'보다 '시간의 시테크'에 우선적으로 공을 들인다.

돈과 달리 시간은 '므나 비유'처럼 모든 사람에게 똑같이 주어지는 조건 가운데 하나다. 그런데 누구에게나 똑같이 주어지는 하루 24시간을 어떤 이는 12시간처럼 사는가 하면 어떤 이는 48시간처럼 산다. 어떻게 이런 일이 일어날까?

내가 존경하는 사람들 중에는 없던 시간을 만들어내는 부자도 있다. "만날 시간이 있으신가요?" 물으면 "없어도 만들어 봐야죠" 하고 대답한다. 약속을 하면 어김없이 정확하게 지킨다. 뿐만 아니라 한두 시간의 만남일 뿐인데 마치 다섯 시간 이상 만나야 가능한 밀도 있는 정보를 주고받거나, 심지어 여러 날 만난 듯 충분한 정서적 교감을 느끼게 해주기도 한다.

그럴 수 있었던 이유는 다른 모든 스케줄을 조정하고 관리해서 얻은 시간인 만큼, 그냥 흘러가도록 내버려두지 않고 보석처럼 소중하게 대했기 때문이다. 이런 사람은 똑같은 시간이 주어져도 남들보다 훨씬 값지게 사용한다.

나는 두 번의 경제적 실패를 겪는 동안 "어떻게 하면 다시 일어설 수 있을까?"를 수없이 고민했다. 그러다 시간을 창출하는 일에 달인이 되지 않고서는 부자가 되기 어렵다는 결론을 내리고, 김민석 전 의원의 시간 계획과 메모의 습관을 따라 하기 시작했다.

지금도 매년 11월에 내 주거래은행에서 주는 수첩을 받으면 이 일을 위해 온 정신을 집중한다. 먼저 1주일 정도는 다가올 새해를 구상하면서 기도하고, 그 뒤에는 새해 1월부터 12월까지의 계획을 수첩에 빽빽이 적는다.

그런 후 새해를 맞이하면 1월의 계획을 다시 수정하고 10일 간격, 7일 간격, 3일 간격, 1일 간격, 하루 중 오전 오후 간격으로 일정을 수정 계획하며 메모한다. 그렇게 하루 계획을 세웠다 해도 때로는 아침에 방향을 틀 때도 있다. 내가 일 년 계획, 한 달 계획, 하루 계획을 세우는 기준은 다음과 같다.

● ● ●

1순위: 가장 중요한 일은 무엇인가?
2순위: 가장 급한 일은 무엇인가?
3순위: 약속한 일들은 무엇인가?
마지막 순위: 오늘 하루 잠들기 전까지 해야 할 일은 무엇인가?

이렇게 계획을 세워 시간을 관리하는 일이 처음에는 매우 어렵게 느껴질 수 있다. 그러나 힘들더라도 1년 동안만 꾸준히 계획적인 시스템을 구축해서 실행하면 나중엔 오히려 일의 능률이나 모든 면에서 훨씬 여유로워지고 편안해짐을 경험하게 된다. 무엇보다 이렇게 살다보면 때로는 시간이 창출되어, 앤드루 스마트가 말한 대로 생각을 정지하고 '쉼' 한가운데에서 멍하니 널브러져서 새로운 통찰을 얻는 과정도 얻을 수 있다.

같은 한 달을 살아도 계획하고 메모하며 사는 것과 메모하지 않고 사는 것은 이렇듯 엄청난 삶의 차이를 가져온다. 시간 관리를 잘하면 어떤 일을 계획할 때 성공 확률을 더 높게 보장받을 수 있다.

내가 바로 그 산증인이다. 시간의 효율적인 창출을 위해 이처럼 기도하고 계획하고 메모하며 점검하기를 반복해서 그런지, 언젠가부터 나는 마치 숲과 나무를 한눈에 파악하는 사람마냥 한 해 전체가 한 눈에 보일 뿐 아니라 하루의 시간들도 남김없이 알차게 사용할 수 있었다. 그래서인지 나는 점점 하루 중 단 한 시간도 밑 빠진 독처럼 시간을 낭비하며 흘려보내지 않게 되었다. 사람을 만날 때도 금 같은 시간을 쪼개어 계획적으로 만나다 보니 만남의 질이 그만큼 높아지는 걸 경험할 수 있었다.

그 덕분에 나는 나이가 들어갈수록 하루하루 더 많은 일들을 하면서도 더 여유 있게 사는 것 같다. 이는 나에게 무슨 특별한 능력이 있기 때문이 아니라 모두에게 똑같이 주어진 시간을 돈보다 더 귀하게 여기며 꼼꼼하게 관리해 왔기 때문이다. 누구나 그렇게 될 수 있다고 나는 믿는다.

이기려 하지 말고 녹이려 하라

자산관리사로서 돈에 관한 상담을 하다보면 자연스럽게 관계에 대한
인생 상담으로 이어질 때가 많다. 부부관계, 부모와 자녀 관계, 지인들과
의 관계 등 관계에 대한 상담을 빼놓고는 경제적인 도약을 위한 실마리
를 찾기가 어려운 게 인생이기 때문이다. 인간관계가 좋으면 훨씬 수월
하게 돈을 모으지만, 인간관계가 깨지면 깨진 독에서 물이 빠지듯 돈이
슬슬 새어나가고 만다. 돈과 인간관계의 연관성이 이처럼 큼에도 불구하
고 많은 사람들은 이를 간과한 채 사는 것 같다.

하지만 인생의 참된 회복을 이루려면 빚을 갚고 저축하는 것만큼이나
인간관계의 회복에도 최선을 다해야 한다. 그래야 사람과 물질을 동시
에 얻는 진정한 부자로 살 수 있다.

실제로 내가 만난 사람들 중에는 남다른 관계의 능력으로 많은 이들
에게 존경받는 부자들이 있다. 그 중에서도 특히 ○ 회장님의 인간관계
기술은 정말 본받을 만하다. 재개발조합에서 처음 이 분을 뵈었을 때만
해도 나는 칼날같이 뾰족하게 날을 세운 사람이었다. 현장의 다양한 문
제들을 한 점의 의혹도 없이 풀어가는 데 온 신경을 쓰다 보니 사람들 마
음이 다치는 걸 섬세하게 보지 못할 때도 있었다. 그래서인지 때로는 변
호사나 회계사의 말보다 나의 말 한 마디에 더 겁을 내는 분위기가 감지
되기도 했다.

그러나 그렇게 날선 나에게조차 ○ 회장님은 칼날로 맞서는 법이 없었다. 오히려 "신 소장님, 식사 한번 합시다"라며 별 말 없이 음식을 사신다거나, 이따금씩 살아온 이야기를 들려 주신다거나, 혹은 내 얘기를 듣고 긍정적인 격려를 해 주시는 게 다였다.

　그러는 동안 나는 이전까지 미처 깨닫지 못했던 인간관계의 원리를 배울 수 있었다. 옳은 말이나 논리적이고 빈틈없는 말이 사람을 변화시키는 게 아니라 마음을 따뜻하게 녹여주는 말, 허물을 덮어주는 말, 공감하고 위로하는 말이 사람을 변화시킨다는 사실을 나는 ○ 회장님으로부터 배웠던 것이다.

　그래서인지 잘못 건드렸다가는 다칠 것처럼 뾰족하기만 했던 내가 날카로움과 부드러움을 겸비한 사람이 되어갔다. 물론 웬만한 남자들도 이겨내지 못할 현장의 거친 기 싸움에 대비하다보면 날카로운 분석력과 명민함이 필요할 때도 있었다. 그러나 부득이한 경우가 아니라면 따지고 싸워서 이기는 것보다 수용하고 녹여주면서 이기는 게 더 좋은 일이다. 그러면 양쪽 다 평화로운 승리를 만끽할 수 있기 때문이다.

　○ 회장님은 그런 놀라운 능력을 가진 분이었다. 세찬 바람보다는 따스한 햇살과도 같은 그분으로 인해, 주변에 있는 사람들은 마치 즐겁게 춤추듯 일하며 좋은 성과를 내곤 했다. 결국 ○ 회장님은 사람도 얻고 부(富)도 얻는 진짜 성공한 삶을 보여주었다. 진정한 부자가 되려면 관계를 아름답게 맺어가는 균형 잡힌 성숙이 필요하다는 걸 나는 그렇게 배워가게 되었다.

협상의 원리를 발견하라

취업을 할 때, 직장을 다니거나 사업을 할 때, 거래를 할 때, 자녀를 양육할 때, 심지어 하나님께 기도할 때조차 우리는 협상하는 삶을 살아간다.

협상이 무엇인가? 입장이 서로 다른 사람들이 어떤 목적에 부합하는 결정을 내리기 위해 협의하는 것을 말한다. 따라서 개인이든 기업이든 나라든 성공적인 협상을 위해 치열하게 공부하며 준비하는 일이 필요하다. 우리 인생의 성공 여부는 곧 협상의 성공 여부와도 밀접하게 관련되어 있기 때문이다.

그렇다면 성공적인 협상을 위해 우리는 무얼 준비해야 할까?

나는 지금까지 많은 협상을 해보았다. 그 결과 협상의 성패는 '지금 내가 갖고 있는 것'이 아닌, '내가 갖고 있다고 믿는 것'에 달렸음을 깨닫게 되었다. 믿음은 바라는 것들의 실상이요, 보이지 않는 것들의 증거라는히 11:1 성경 말씀대로, 현실적으로 당장 눈에 보이지 않아도 내게 주어진 실체를 보는 눈이 얼마나 열려 있느냐에 따라 협상의 성패가 달려 있다는 것이다.

1912년 미국 대통령 선거에 출마한 시어도어 루스벨트의 선거캠프에서 있었던 일은 이에 대한 하나의 실례가 되어준다. 당시 캠프에서는 대통령 연설문이 담긴 300만 장의 팸플릿을 인쇄하여 배포하기 직전에야,

표지에 사용된 루즈벨트 사진의 저작권이 '모펫 스튜디오'라는 곳에 있음을 발견하게 되었다. 만약 그대로 그 인쇄물을 배포한다면 모펫 측으로부터 소송을 당해 당시로서는 천문학적인 금액인 300만 달러를 지불해야 할 상황이 펼쳐질 수도 있었다. 이를 방지하기 위해 캠프측은 신속하게 모펫 스튜디오와 협상을 해야만 했다. 그들은 고심 끝에 모펫 스튜디오의 주인인 조지 모펫에게 다음과 같은 내용의 편지를 보냈다.

"귀사의 스튜디오가 찍은 우리 후보자의 사진은 매우 훌륭합니다. 우리는 그 사진을 대문짝만하게 실은 팸플릿을 배포하려고 합니다. 그러면 귀사의 스튜디오는 엄청난 홍보 효과를 얻을 것입니다. 이를 위해 귀사는 얼마를 지불할 용의가 있습니까?"

캠프 측은 자신들의 입장이 불리하다고만 생각하지 않고 모펫 스튜디오에게도 좋은 기회가 될 수 있다는 역발상으로 접근함으로써 힘의 균형이 자기 쪽으로 기울도록 협상을 전개했다. 즉 그들은 사진을 쓰느냐 안 쓰느냐에 대한 결정의 주도권을 그들 손에 쥐고 협상에 임했던 것이다. 결국 이 편지를 받은 모펫 측은 저작권 소송은커녕 오히려 홍보비로 250만 달러를 내겠다는 답신을 보냈다.

대부분의 많은 사람들은 협상에 들어가기도 전에 자신에게 불리한 부분만 지나치게 부각해서 바라보는 경향이 있다. 일단 스스로 한 수 접고 협상에 임하다보니 약점만 불필요하게 노출시킬 뿐 잠재된 장점은 끝내 활용하지 못하는 실수를 저지르고 만다.

협상에 성공하려면 내게 열 가지의 불리한 점이 있어도 그 열 가지를 덮고도 남을 만한 한 가지를 볼 줄 아는 눈이 열려야 한다. 그리고 그 한 가지를 최대한 활용하여 어필할 수 있는 확고한 믿음도 있어야 한다. 협상에 임할 때뿐 아니라 실제 삶에서도 그 점을 어필하며 살아간다면 우리는 협상의 승리자로, 또 인생의 최종 승리자로 살아가는 주인공이 될 수 있다.

나는 협상전문가로서 여러 다양한 상황에서 다양한 협상을 치른 사람이다. 그런데 때로는 협상이라기보다 협박에 가까운 일을 겪기도 한다. 그러나 상대가 협박하며 나올 때조차도 눈에 보이는 현실의 자원과 힘의 크기가 아닌, 내가 가지고 있다고 믿는 힘의 크기를 바라보면 그 자리를 승리로 이끌 수 있다.

어느 재개발조합 협상팀장으로 일할 때 나는 그런 경험을 했다. 어느 날인가 변호사와 회계사, 조합장과 감리까지 모인 자리에서 시공사를 상대로 협상을 진행하게 되었다. 그날도 매의 눈으로 서류를 훑어보던 나는, 재개발 철거 비용 중 3억 원 가량이 과하게 책정되어 있다는 사실을 지적했다.

"여기 보니까 철거 비용에서 한 3억 원 정도가 오버가 되는군요. 어떻게 할까요? 3억 원을 뺄까요?"

편성된 예산에서 철거비 3억 원을 감해야 한다는 내 말이 떨어짐과 동시에 누군가 문을 거칠게 열어 재치며 들어오는 모습이 포착됐다. 철거업체 직원이었다. 밖에서 내 말을 들었던 그는 거칠게 욕설을 퍼부으며 소리쳤다.

"에이 XX, 어떤 X이 우리 돈을 빼려고 하는 거야?"

철거업체가 모두 다 이런 식의 안하무인은 아니다. 그런데 유독 그 업체 직원은 온갖 험악한 욕을 해대며 우리를 협박했다. 손도 대지 않고 3억 원을 가질 수 있었는데 순식간에 날아가게 되었으니 어찌 보면 화가 날 법도 했다. 그렇다고 부당하게 책정된 비용에 대해 눈 감아 줄 수는 없는 노릇이었다.

딱 벌어진 어깨를 내민 채 나를 노려보는 직원의 매서운 눈빛에 사람들은 모두 벌벌 떨었다. 그러나 나는 그의 눈을 노려보며 이렇게 말했다.

"뭐, XX? 당신 말 다시 한 번 해봐!"

그 자리에 여자는 나밖에 없었기 때문에 직원이 나를 겨냥해 욕을 하고 있다는 건 누가 들어도 자명했다. 내가 여자라는 이유로 무력을 행사해 나를 제압하려는 직원의 속내가 보이자 결코 약한 모습을 보이고 싶지 않았다. 아니, 나는 스스로를 약하다고 생각한 적이 없었다.

내가 누군가? 나는 하나님이 사랑하시고 아끼는 하나님의 자녀다. 아무리 강한 자가 나를 위협해도 내 영혼을 데려가실 수 있는 분은 생명의 주인이신 하나님밖에 없다는 걸 나는 언제나 믿었다. 그래서인지 나는 죽음조차 두렵지 않았다. 내 생명의 주인이신 하나님을 의식하면서 사니, 강한 자 앞에선 더 강하게 나가고 약한 자 앞에선 더 약하게 나를 낮출 수도 있었다. 강한 자들의 부당한 위협으로 인해 내가 피해를 입으면 그 모든 일을 선악 간에 판단해서 갚아주실 하나님을 나는 분명히 믿었기 때문이다. 그래서 나는 힘이든 권력이든 돈이든 자신이 가진 걸 믿고 남을 위협하는 사람을 만나면 "죽으면 죽으리라"는 더 강한 믿음으로 맞설 수 있었다. 결코 눈빛마저 흔들리는 법이 없었다.

그날도 그랬다. 약한 여자를 위협하면 자기 뜻대로 될 줄 알았던 철거

업체 직원은 전혀 흔들리지 않고 맞서는 나에게 질 수밖에 없었다. 온갖 욕을 해대며 강하게 나오던 그는 나중에 내게 사과까지 해야만 했다.

만약 내가 스스로를 힘없는 한 사람의 여자라는 현실로만 인식했다면 그 협박 앞에 나는 어떻게 반응했을까? 아마 부당한 그의 협박이 무서워 부당하게 책정된 철거비용을 눈감아주는 부끄럽고 무능한 협상팀장이 되었을지도 모른다. 하지만 담대함으로 협박에 맞선 결과, 나는 그날의 승리를 거머쥘 수 있었다.

회의를 잘 마친 그날 저녁에 함께 식사하던 변호사님으로부터 이런 질문을 받기도 했다.

"신 소장님, 아까는 정말 대단하시던데요? 그런 상황에서 어떻게 그런 담대함이 나오십니까? 저희들은 절대 그거 못해요. 신 소장님이나 되니까 하시지. 비결이 뭐예요?"

하얗게 질린 얼굴이 아직 가시지 않은 채 질문하는 변호사님을 보며 나는 그저 빙그레 웃기만 했다. 하지만 속으로는 이렇게 말해주고 싶었다.

'비결은 믿음입니다. 현실만 보면 나는 약한 여자에 불과하지만 실상으로는 하나님 때문에 누구보다 강한 여자거든요. 그렇기 때문에 죽으면 죽으리라는 담대함이 생기는 거죠. 협상도 그 믿음으로 하는 거예요. 그러니 그 사람이 나를 상대로 어떻게 이기겠어요? 나는 뼛속까지 이 싸움의 주도권이 내게 있다고 믿고 있는데….'

먼저 주는 자로 살라

하나님은 사람을 사회적 존재로 창조하셨다. 그래서 사람은 사회적 관계를 통해 만족과 행복을 느낄 수 있다. 사람은 나 혼자만 좋은 게 아니라 나도 좋고 너도 좋아야 비로소 참 행복을 얻는 존재다. 아마도 하나님의 나라란 바로 그런 행복이 가득한 나라가 아닐까 싶다.

하나님은 모든 사람에게 똑같은 재능, 똑같은 기질, 똑같은 환경을 주셔서 똑같이 살아가도록 이 세상을 창조하지 않으셨다. 사람마다 다른 재능과 기질과 환경을 통해 자신이 가진 것으로 서로를 돌아보고 나누며 살도록 창조하셨다. 하나님은 건강한 사람은 건강한 몸으로 남을 도와주고, 재물이 있는 사람은 재물로 도와주며, 재능이 있는 사람은 재능으로 도와주는 관계를 통해 모두가 행복한 세상이 되기를 원하신다. 하나님은 사랑이시기 때문이다.

이처럼 하나님께서 온 우주 만물을 사랑의 원리로 창조하셨기 때문에, 나는 이웃을 돌아보며 자기 것을 나누는 사람이 결국은 복 있는 삶을 살 수밖에 없다고 믿는다. 그것이 하나님께서 창조하신 세계의 순리다.

반면에 자기 것을 움켜쥐려고만 하고 나누지 않거나, 나와 너는 상관이 없다며 개인주의로 살아가는 사람은 결국 불행한 삶을 살 수밖에 없다. 개인주의와 이기주의는 하나님의 창조원리에 역행하는 일이기 때문이다.

앞서 고백한 대로, 나는 삶의 매순간을 치밀하게 계산하며 살아온 사람이다. 아무리 복잡한 상황이어도 얼마를 투자하면 얼마의 이득이 돌아올지에 대한 계산이 순식간에 나오기도 한다.

그러나 그런 내가 유일하게 계산을 멈출 때가 있다. 하나님의 사랑 앞에서다. 하나님의 사랑으로 누군가를 돌봐야 한다거나, 하나님의 사랑으로 내 것을 포기해 나눠야 할 때라는 감동이 오면, 나의 뇌는 그 순간 계산을 멈춰버린다. 이 옥합을 팔아 은행에 넣으면 이자가 얼마가 될 것이라는 식의 계산이나, 이 옥합을 깨뜨려 하나님께 드리면 그분이 몇 배로 축복하실 거라는 식의 계산이 내 속을 다 헤아리시고 내 인생을 다 아시는 전지전능하신 하나님 앞에서 얼마나 무의미한 일인지를 잘 아는 까닭이기도 하다.

그래서 나는 무언가를 드리거나 나눌 때면 오히려 계산기 두드리는 일을 모두 멈추고 행동한다. "그리 아니하실지라도 감사해요"라는 고백 속에서 나눔 그 자체를 즐기며 산다. 이웃에게 물 한 모금이라도 나눌 게 내 손 안에 있다면 그 자체로 나는 이미 부유함의 복을 받은 자라 믿으면서….

놀라운 건 그 풍요로운 마음으로 내 그릇에 있던 것을 나누고 나면 내 그릇에는 또 다른 풍요가 채워진다는 것이다. 돌아보면 내 인생에는 비워내면 또 채워지고, 그걸 다시 비워내면 또 다시 채워지는 놀라운 은혜의 신비가 있었다. 내 머릿속 계산으로는 도저히 이해할 수 없는 이 은혜의 신비로 인해 거칠고 팍팍했던 내 인생에 부유함의 강물이 넉넉히 흐르게 되었다.

그래서 나는 컨설팅을 하다가 '들을 귀 있는 분'에게만 할 수 있는 이런 신비의 원리를 말할 때가 가끔 있다. 하나님은 아무런 대가를 바라지 않고 내 것을 누군가에게 나누는 마음의 부자에게 더 많은 것으로 채워 주시는 분이라고. 진정한 성공을 하고 싶다면 가난할 때나 부할 때나 먼저 그렇게 주는 자로 살아가라고.

· · ·

주라 그리하면 너희에게 줄 것이니 곧 후히 되어 누르고 흔들어 넘치도록 하여 너희에게 안겨 주리라 너희가 헤아리는 그 헤아림으로 너희도 헤아림을 도로 받을 것이니라 [눅 6:38]

흩어 구제하여도 더욱 부하게 되는 일이 있나니 과도히 아껴도 가난하게 될 뿐이니라 구제를 좋아하는 자는 풍족하여질 것이요 남을 윤택하게 하는 자는 자기도 윤택하여지리라 [잠 11:24-25]

축 복 으 로 가 는 협 상 의 원 리

모든 날에
나눔의
부자가 되자

상처가 별이 되다

보호자의 보호자가 되어

스물여섯 살 40킬로그램의 깡말랐던 내가 어느 중견기업의 총무 책임자로 일할 때만 해도 나는 지금과 같은 꿈을 꿔 본 적이 없었다. 당시 나는 기업 전체의 구매, 생산, 영업, 경리, 비자금과 관련된 장부를 빈틈없이 관리하기 위해 낮에는 물론이거니와 밤에도 눈에 불을 켜고 장부정리하는 데만 온 신경을 쓰는 사람이었다. 그런 나를 위해 회사에서는 전용 자동차를 제공해줌으로써 늦은 밤에 퇴근하여 집에 가서 일할 수 있도록 배려해 주었다. 회사 중역들은 "신 과장보다 더 충성스럽고 명석한 사람은 눈 씻고 찾아봐도 없을 것"이라며 '진돗개'라는 별명까지 붙여주었다.

내가 그렇게 인정을 받으며 열심히 일할 수 있었던 이유는 내 곁에 계신 할머니 덕분이었다. 항상 나를 위해 아침저녁 정성을 다해 밥상을 차려주시고 누구보다 나를 귀한 존재로 바라보시는 할머니로 인해 나는 매사에 자신감을 갖고 유능하게 일할 수 있었다.

반면에 할머니와 둘이 있을 때의 나는 영락없는 어린애였다. 네 살 때부터 할머니만을 의지하며 살아서인지 과년한 처녀가 된 그때까지도 할머니 젖가슴을 만지지 않으면 잠을 이루지 못할 정도였다. 그만큼 할머니는 내게 엄마였고 아빠였으며 고된 세상살이를 이겨내게 하는 정서적 안정감의 근원이었다.

그런데 어느 날, 그런 할머니가 아프다 하셨다. 동네 병원을 거쳐 한강성심병원에서 정밀검사를 받아보니 위암 4기라는 청천벽력 같은 결과가 나왔다. 의사에게서 그 말을 처음 듣고 나는 정신이 아득해져서 발을 헛디디며 계단을 구르고 말았다.

그간 할머니와 살며 단 한 번도 할머니와의 이별을 생각해 본 적이 없었다. 어쩌면 그런 날이 올 거라는 걸 무의식적으로 애써 부정하려 했는지도 모르겠다. 아마 어린 시절 하루아침에 엄마아빠와 떨어지게 되었던 아픔이 남아 있어서일 것이다. 할머니 없는 세상이란 내게 물 없는 사막에 홀로 남겨지는 것과 다를 바 없는 두려움 그 자체였다.

그 때문에 나는 할머니를 살려내야 한다는 절박감에 사로잡혔다. 의사에게 매달리며 제발 할머니를 수술해서 꼭 고쳐달라고 애원했다. 그러나 병원 측에서는 키 작고 마른 나를 고등학생쯤으로 봤는지 보호자를 데려오라고만 했다. 집안 어른을 모셔 와야 수술을 하든 말든 할 것 아니냐는 얘기였다.

"제가 보호자예요. 제가 할머니 손녀거든요. 남동생은 군대에 가 있어서 지금 보호자는 저밖에 없어요. 제가 도장을 찍을 테니 제발 할머니 수술 좀 받게 해주세요."

당시만 해도 지금처럼 의학이 발달되지 않았던 데다 의료보험이 없던 시대라 웬만한 사람은 암수술 자체를 받기가 어려웠다. 말단공무원 월급이 10만 원이던 당시를 기준으로 평균 100만 원이 넘는 암수술 비용과 그보다 더 많은 치료비용까지 감당할 수 있는 사람은 흔치 않았다. 그러다보니 암 진단은 곧 사형선고로 여겨지던 시대였다.

나는 혹시 그 엄청난 수술비용 때문에 나 말고 다른 보호자를 데려오라 하는 건가 싶어 대뜸 이렇게 말했다.

"돈 때문이라면 저한테 돈 있어요. 통장 잔고를 보여드릴까요? 저 이래 뵈도 돈 많아요. 할머니를 미국에 보내야 한다면 미국까지 보낼 수도 있어요. 그러니 제발 수술 받게 해 주세요. 200만 원 먼저 드릴까요? 수술 받게만 해주신다면 바로 200만 원을 낼게요."

얼마나 마음이 타들어가던지 할머니를 살릴 수만 있다면 그동안 밤낮없이 일하며 벌어 모은 돈을 전부 다 낸다 해도 상관없었다. 특정 약초를 구해야 한다고 하면 몇 달이라도 산속 깊은 곳에 들어가서 캐오고 싶은 심정이었다. 할머니가 살아날 수만 있다면 수술 후 회복을 위해 할머니와 함께 섬에 들어가 살라 해도 기꺼이 내 청춘을 그곳에 묻을 수 있을 것 같았다. 할머니를 살릴 수만 있다면, 내 할머니를 살려낼 수만 있다면….

그런 나의 절박한 마음이 전해졌는지 결국 수술 결정이 내려졌다. 물론 할머니 배를 열어봐야 회복 여부를 판단할 수 있다고는 했지만, 수술 결정만으로도 내 마음에는 한 줄기 희망이 생겼다. 할머니에게는 암이라는 사실을 숨기고 소화를 방해하는 위장의 막힌 부분을 수술하면 금방 나을 수 있다고 말씀드렸다.

하루하루가 정신이 아득했다. 그러나 이제 나는 더 이상 어린애가 아니라 할머니를 돌보고 책임져야 하는 보호자임을 기억하며 정신을 놓지 않으려 했다. 할머니 앞에 가면 일부러 태연한 척 어른스러운 연기도 하고, 뒤에 가서는 할머니 모르게 암에 좋다는 약을 찾아 백방으로 연락을 해보기도 했다.

내 새끼가 나를 살렸어

할머니의 배를 열어본 의사들은 생각보다 상태가 심각하다고 했다. 위에서 시작된 암이 이미 온몸으로 전이된 상태라 달리 손을 쓸 방법이 없다는 것이었다. 의사들은 위에서 십이지장으로 내려가는 길목을 뒤덮은 암덩어리만을 제거한 뒤 열었던 배를 그대로 덮었다. 당분간 소화라도 잘 되게 하기 위한 최선의 조치였다. 병원에서는 더 이상 할머니를 위해 할 수 있는 일이 없다며 퇴원할 것을 권했다.

하지만 이대로 포기할 수는 없었다. 치료 가능성이 0.1%만 있어도 그 희망을 붙잡아야 했다. 나는 어떻게든 할머니를 살려야 한다는 쪽에 마음을 신고는, 치료의 길을 찾아내리라 다짐했다. 더구나 세상에서 둘도 없는 고귀한 우리 할머니가 이렇게 빨리 가셔선 안 된다고 생각했다. 의사는 퇴원을 권하며 포기 의사를 분명히 했지만, 나는 끝까지 의사를 붙들고 항암에 어떤 약이 좋은지를 꼬치꼬치 캐물은 뒤에야 퇴원 수속을 밟았다. 아버지 심 봉사의 눈을 뜨게 하기 위해 인당수에 몸까지 던졌던 심청이의 심정이 이랬을까 싶다.

나는 우선 의사가 알려준 항암제를 구하기 위해 열흘마다 한 번씩 종로약국으로 찾아가서 한 알에 1만 5,000천 원짜리 알약을 열 개씩 구입해 할머니에게 한 알씩 먹게 해 드렸다. 또한 당시 부자들만 맞았던 링거를 한 박스씩 사다가 출장 간호사를 불러서 매일 맞을 수 있도록 해 드렸다.

하지만 그와 같은 막대한 치료비를 감당하려면 내가 계속 돈을 벌어야만 했다. 그러다보니 할머니 옆에 바짝 붙어서 몸에 좋은 음식을 해드리거나 운동을 시켜드릴 수가 없었다. 고민 끝에 부산에 계신 친척 할머니께 부탁을 드려 우리 집에 와서 사시도록 했다. 그래서인지 지금도 그때를 생각하면 아픈 할머니를 집에 남겨둔 채 출근해야 했던 내 마음의 통증이 그대로 살아난다. 병든 가족을 남겨두고 삶의 현장으로 출근할 수밖에 없는 사람들의 아픈 마음도 충분히 공감할 수 있다. 당시 나는 일하다가도 할머니 생각이 나서 장부에 눈물방울을 뚝뚝 떨어뜨리는 바람에 다시 새 장부로 바꾸어 놓곤 했다.

그나마 감사하게도 할머니는 퇴원 후 얼마 동안은 상태가 좋아 보였다. 할머니는 병문안 온 사람들에게 밝게 웃으며 이렇게 말씀하셨다.

"내 새끼가 나를 살렸어. 뭘 먹으면 여기가 꽉 막혀서 숨을 못 쉬었는데, 이젠 음식도 잘 내려가고 숨도 잘 쉬게 돼서 너무 좋아."

온 몸에 암이 퍼진 자신의 상태를 전혀 모르신 채 해맑게 웃으시는 할머니를 뵙고 있으면 나는 억장이 무너지는 것만 같았다. 할머니의 저 밝은 미소를 언제까지나 지켜드릴 수 있다면 얼마나 좋을까 싶어서였다. 그러다 슬픔이 밀려와 눈물이 쏟아질 거 같으면 얼른 화장실로 달려가 수돗물을 틀어 놓은 채 숨죽여 울었다.

몸을 던진 협상

할머니로부터 속이 시원해졌다는 소리를 들은 지 오래지 않을 때였다. 할머니의 얼굴에 잠시 나타났던 미소가 사라지고 고통의 신음소리만이 또 다시 방 안에 가득 퍼지기 시작했다. 지금 생각하면 암이 뼛속까지 퍼져간 터라 그 통증이 오죽했을까 싶은데도, 할머니는 그 고통을 묵묵히 견디셨고 간혹 이렇게 말씀하실 뿐이었다.

"귀례야, 한동안 그렇게 시원하고 좋더니 요즘 좀 갑갑하구나. 자꾸만 시키면 물이 올라와."

임시방편으로 뚫렸던 위가 다시 막히면서 음식물을 제대로 섭취하지 못하게 되자 할머니는 하루가 다르게 말라가셨다. 통증도 갈수록 심해져 숨조차 편하게 쉬지를 못하셨다. 그 모습을 그냥 지켜볼 수만은 없었다. 어느 날인가 할머니를 모시고 무작정 병원으로 갔다.

"제발 우리 할머니를 받아주세요. 우리 할머니 고통이라도 덜어주세요. 제발요, 제발 받아주세요."

당시만 해도 병원에서는 죽음을 앞둔 암 환자를 다시 입원시켜주는 일이 거의 없었다. 요즘에는 환자가 병원에서 사망하면 병원 장례식장에서 장례를 치르면 되지만, 당시에는 모든 장례를 집에서 치르던 시절이었다. 즉 집이 아닌 병원이나 다른 곳에서 사망하게 되면 객사로 취급해 전통 장례를 치르기가 여러 가지로 곤란했다. 아마도 그 때문에 병원에서는 죽음을 앞둔 암환자의 입원을 받지 않았던 것 같다. 게다가 환자가 병원에서 죽으면 환자를 살리지 못한 병원이라는 오명을 써야 하기도 했다.

그래서인지 그 병원 역시 할머니를 받아주지 않았다. 그러나 나는 포기할 수 없었다. 고통에 신음하는 할머니를 보고 있자니 가슴에 불이 붙은 것 마냥 견딜 수가 없었다. 할머니를 도울 수만 있다면 내 몸이라도 던져놓고 싶었다. 나는 병원 문 앞에 아예 드러눕다시피 한 채로 울부짖었다.

"선생님, 우리 할머니가 이렇게 고통스러워하시는데 병원에서 안받아주면 저도 여기서 죽겠습니다. 전 어차피 할머니 없으면 못 살아요. 그러니 제발 받아주세요. 우리 할머니를 살려달라는 게 아니에요. 할머니가 어떤 상태인지는 저도 알아요. 그러니까 그때까지 고통이라도 덜 받게 해주세요. 그래만 주시면 이 은혜는 평생 절대 잊지 않을게요. 제발 우리 할머니 받아주세요."

한참 동안 그렇게 피 맺힌 절규를 하자, 할머니 수술을 집도하셨던 선덕재 박사님이란 분이 조용히 내게 다가왔다.

"나랑 같이 갈 데가 있으니 따라오시게나."

박사님을 따라 들어간 곳은 이사장실이었다. 눈물 콧물로 범벅이 된 나를 그곳까지 데려간 선 박사님은 이사장님에게 이렇게 말씀하셨다.

"이사장님, 제가 요즘 보기 드문 효심을 봤어요. 혹시 사고가 나면 제가 책임을 질 테니 이 보호자의 환자를 좀 받아주시지요."

그런 뒤 박사님은 할머니와 나에 대한 여러 이야기를 하셨다. 얘기를 다 들은 이사장님은 나를 지긋이 바라보시며 내 평생 잊지 못할 다음의 말을 해 주셨다. 이사장님의 그 얘기가 내 속에 머물렀다가 이따금씩 내가 딴 길로 가려 할 때면 생생하게 살아 올라와 나를 바른 길로 이끌어 줄 줄은 그땐 미처 몰랐다. 그때는 그저 지금 이 시간부터 입원을 허락한다는 이사장님의 말만 내 귀에 크게 들려올 뿐이었다.

"아가씨, 내가 보니까 아가씨는 하늘로부터 큰 복을 받겠어요. 아마 앞으로 좋은 신랑을 만나게 될 거예요. 그런데 좋은 신랑을 만나 잘살게 되면 그걸 우리한테 갚지 말고 주위의 불우하고 배고프고 힘든 사람들, 특히 아가씨 같이 어려운 처지에 빠진 사람들에게 사랑을 베풀어 주길 바래요. 지금 바로 아가씨 할머니를 입원시키세요. 그리고 치료비는 전액 무료입니다!"

너무나 놀라운 일이었다. 당시의 관례를 깨고 죽어가는 환자를 재입원시켜준 것만으로도 고마운데 병원비까지 전액 무료라니! 훗날에서야 나는 아무런 대가도 바라지 않고 사랑을 베푸는 게 진정한 은혜임을 알려주는 누가복음 14장 말씀을 읽다가 선덕재 박사님과 이사장님이 바로 그와 같은 은혜를 내게 베푸셨다는 것과, 또한 내게도 그런 은혜를 베푸는 자가 되라고 말씀하셨다는 것을 깨닫게 되었다.

잔치를 베풀거든 차라리 가난한 자들과 몸 불편한 자들과 저는 자들과 맹인들을 청하라 그리하면 그들이 갚을 것이 없으므로 네게 복이 되리니 이는 의인들의 부활시에 네가 갚음을 받겠음이라 하시더라 [눅 14:13-14]

하지만 그때는 할머니 걱정에 다른 아무 생각이 나지 않았다. 그저 그 시각부터 시작된 병원의 특별한 배려에 감사하다는 말만 되풀이할 뿐이었다.

병원에서는 고통을 감해줄 모르핀 주사를 아침저녁으로 놔주었다. 덕분에 할머니는 견딜 수 없는 고통에서 잠시나마 벗어나서 편안한 시간을 가질 수 있었다. 또한 선 박사님은 공식 회진이 없는 일요일에도 일부러 병실에 찾아와 할머니의 상태를 체크해 주었다. 이를 본 다른 입원 환자들은 "의사 선생님이 일요일에도 출근해서 회진하시는 걸 보니 아가씨 집안은 정말 대단한가 봐요"라며 부러워했다. 돌이켜보면 절규하던 나를 하나님께서 불쌍히 여기셔서 잠시나마 할머니에게 위로와 쉼을 주셨던 거라고 나는 믿는다.

사랑은 피보다 진하다

그렇게 '숨고르기' 같던 시간이 지나자 선 박사님이 나를 찾아 조용히 말씀하셨다.

"이제 시간이 얼마 안 남았어요. 할머니를 집으로 모셔서 보내드릴 준비를 해야 합니다."

박사님의 권유에 나는 할머니를 집으로 모셔왔다. 그리고 며칠 후 할머니는 조용히 숨을 거두셨다. 하필 내가 회사의 급한 일로 출장을 갔을 때라 할머니 임종도 곁에서 지켜드리지 못했다. 그래도 회사의 많은 직원들과 할머니가 다니던 성당 사람들이 모두 찾아와 준 덕분에 장례식은 외롭지 않게 치를 수 있었다.

하지만 내가 정말 치러야 할 싸움은 그때부터였다. 장례가 끝난 후 할머니가 안 계신 빈 집에 홀로 남고 보니 생전 처음으로 밀려드는 외로움에 몸서리가 쳐질 지경이었다. 어느 정도 예상은 했지만 막상 할머니의 부재라는 현실 앞에서 나는 반쯤 넋이 나간 상태가 되어버렸다. 퇴근 후 빈집에 들어가면 방구석에 우두커니 앉아 하염없이 할머니의 모습만을 되뇌다보니 외로움과 두려움과 심지어 공포까지 한꺼번에 나를 덮쳐왔다. 이러다 폐인이 될 수도 있겠다는 생각마저 들었다.

그러다 어느 날 문득 나도 모르게 이런 질문을 던지게 되었다.

'할머니는 어떻게 내게 그럴 수 있었을까?'

나를 향한 할머니의 사랑은 생각하면 할수록 이해할 수 없는 사랑이었다. 할머니가 하나밖에 없는 손녀딸을 지극정성으로 사랑해준 게 뭐 그리 이해가 안 될 일이냐고 말할지도 모르겠다. 하지만 그건 할머니와 내 관계의 진실을 몰라서 하는 말일 것이다. 할머니와 나는 피 한 방울 섞이지 않은 남남이었으니까….

사실 할머니는 처녀의 몸으로 내 친할아버지의 재취로 시집오신 분이었다. 할머니는 내 아버지의 친모가 아니었던 것이다. 나는 이 사실을 할머니가 아프시기 전에 우연히 알고 너무나도 깜짝 놀랐다. 하지만 혹시 내가 사실을 알게 된 것으로 인해 할머니가 충격을 받으실까 싶어 모른 척하느라 얼마나 진땀을 뺐는지 모른다. 그러다 할머니가 아프셨고 그 얼마 뒤 훌쩍 세상을 떠나시자 할머니에 대한 존경과 사랑과 그리움은 더욱 커졌다.

'할머니는 어떻게 내게 그럴 수 있었을까?'

퇴근 후 홀로 방안에 앉아 이 생각을 하다보면 내 기억의 파편은 어느새 전라북도 옥구군에 위치한 할머니 집과 동네를 떠돌아 다녔다. 할머니 집으로 들어가 살면서 나는 살구꽃과 아기진달래가 만발했던 그 아름다운 동네를 얼마나 천방지축 휘젓고 다녔는지 모른다. 천진난만하게 뛰놀며 노는 내게 동네 어른들은 하나같이 이런 말씀을 자주 하셨다.

"귀례야, 너는 네 머리털을 다 뽑아서 신(발)을 매어도 니 할머니 공을 다 못 갚는다."

왜 어른들은 나만 보면 저런 말씀을 하나 싶어 의아해 하기도 했다. 그러면서도 한편, 아빠, 엄마를 대신해서 나를 키워주신 할머니에게 나중에 꼭 효도하라는 말이겠거니 생각하곤 했다.

그런데 이제야 그 말뜻을 제대로 이해할 수 있었다. 동네 사람들은 혈육도 아닌 나를 그토록 금이야 옥이야 키워주시는 할머니 사랑의 숭고함을 말하고 있었던 것이다.

아…. 거기까지 생각이 미치면 내 눈에선 또 다시 눈물이 흘러내렸다. 흔히 '피는 물보다 진하다'고 하지만 할머니를 생각하면 그보다 더 마음에 와 닿는 구절이 저절로 생각났다.

'사랑은 피보다 진하다!'

할머니는 혈연관계를 초월해 피보다 더 진한 사랑을 내게 베풀어주셨다. 할머니의 사랑은 피보다 진해서 친부모도 줄 수 없었던 가장 좋은 것들을 내게 아낌없이 풍성하게 퍼주셨던 것이다. 어쩌면 나는 한 점 혈육이 없던 할머니에게 입양된, 이 땅의 유일무이한 자식이었는지도 모른다.

할머니를 떠나보낸 슬픔으로 시작되었던 생각이 여기까지 미치자 드디어 나는 조금씩 마음을 다잡을 수 있었다. 그리고 그때부터는 한강성심병원 이사장님이 하셨던 말씀이 종종 떠올라 사명으로 다가오기 시작했다.

"아가씨, 내가 보니까 아가씨는 하늘로부터 큰 복을 받겠어요. 아마 앞으로 좋은 신랑을 만나게 될 거예요. 그런데 좋은 신랑을 만나 잘살게 되면 그걸 우리한테 갚지 말고 주위의 불우하고 배고프고 힘든 사람들, 특히 아가씨 같이 어려운 처지에 빠진 사람들에게 사랑을 베풀어 주길 바래요."

격려와 당부의 말이었지만 내게는 예언처럼 느껴지는 말씀이었다. 어쩌면 그 말은 돌아가신 할머니가 전 생애를 통해 내게 보여주고 가르쳐 주려 하셨던 동일한 메시지가 아니었을까 싶다.

그래서인지 내 가슴엔 서서히 꿈과 사명에 대한 불씨가 타올랐다. 늘 가던 길을 걷다보면 이전에는 눈에 들어오지 않았던 사람들이 자꾸만 눈에 들어왔다. 배고프고 헐벗은 사람들, 위로와 격려가 필요한 사람들, 호의와 실제적 도움이 절실한 사람들이 주위에 얼마나 많은지 비로소 알게 되었다.

나도 모르는 사이에 결심했다. 할머니가 내게 그러셨듯이, 나도 많은 사람들을 가슴에 품고 피보다 더 진한 사랑으로 그들을 돌보아 주리라. 이 나라 방방곡곡 신음하는 이웃들에게 아낌없이 나누는 삶을 살리라. 나아가서 할 수만 있으면 세계의 수많은 사람들을 채워주고 돌보아주는 진정한 부자가 되리라.

만남으로 전진하다

할머니가 원하던 바로 그 사람

할머니 돌아가신 후 나는 한동안 늪에 빠진 사람처럼 살았다. 매사에 지나칠 정도로 열심히 살던 내가 아무런 열정도 없이 그저 멍하니 앉아 흐르는 시간에 내 몸을 파묻듯 살아가곤 했다. 무슨 일에도 집중을 못했고 어떤 일에도 흥미를 느끼지 못했다.

그러다 문득 어린 날 옆집에 살던 친척오빠 한 분이 생각났다. 중고등학생 때 영어나 수학공부를 하다 모르는 문제가 있으면 그 오빠한테 가서 물어보기도 하고, 사전을 빌려 보며 공부했던 일들이 왜 그렇게 생각나는지 모를 일이었다. 친척오빠에 대해 수소문해 알아보니 전주의 어느 절에서 사법고시 준비 중이라는 소식이 들려왔다. 결혼도 못하고 여섯 번이나 사법고시에 낙방한 후라 폐인처럼 지낸다는 소식도 덧붙여졌다. 나는 혼자 중얼거렸다.

'오빠도 폐인 같고 나도 폐인이 되어가네.'

언제 한 번 오빠를 찾아가 만나야겠다고 벼르던 나는 월급날이 되자 월급을 봉투 채 들고 오빠를 찾아갔다. 듣던 대로 오빠의 행색은 말이 아니었다. 오랫동안 못 먹은 사람처럼 비쩍 마른 데다, 거처하는 작은 방은 마치 감옥처럼 보였다.

그 감옥 같은 방에서 오빠와 나는 서로를 보며 한참을 울었다. 나는 오빠가 불쌍해서 울고, 오빠는 하루아침에 혼자가 된 내가 불쌍해서 울었다. 그렇게 울며 옛날이야기를 나누다 보니 밤을 꼬박 새고 말았다. 환하게 동터오는 밖을 보며 오빠는 퀭한 눈으로 이렇게 얘기했다.

"귀례야, 그 옛날을 한 번 생각해 봐라. 그때 그 동네에서 너하고 나하고 제일 잘될 거라는 기대를 한 몸에 받지 않았니? 그런데 이 오빠 꼴도 말이 아니고 너도 이렇게 슬픔에서 헤어 나오질 못하고 있구나. 이제 더는 그러면 안 될 것 같다. 천국에 계신 할머니를 기쁘게 해드리려면 네가 정신을 바짝 차리고 살아야지. 오빠도 이번 일곱 번째 시험에는 꼭 합격하고야 말거야. 귀례 너한테 약속할게."

나를 무척이나 예뻐해 주던 오빠의 말이어서 그런지 나는 마치 돌아가신 할머니가 내게 당부하시는 것처럼 느껴졌다. 하루 빨리 일상으로 복귀해야겠다는 마음이 들었다.

산사의 풍경 아래 누워 길게 한숨을 내쉬며 내 마음이 속히 안정을 찾을 수 있길 간절히 바랐다. 그러다 벌떡 일어나 절에서 일하는 아주머니를 찾아갔다. 가방에서 월급봉투를 꺼내 통째로 드리며 간절히 부탁을 드렸다.

"이 돈으로 우리 오빠 먹는 거라도 꼭 잘 챙겨주세요. 제겐 정말 귀중한 분이거든요."

그리고 오빠와 작별인사를 한 후 서울로 가려고 전주 버스터미널로 향했다. 그런데 전주역에 늦게 도착하는 바람에 서울행 막차 버스표를 사지 못했다. 다음 날 출근을 못하면 어쩌나 싶어 발을 동동 구르고 있는데, 마침 기사 아저씨의 반가운 음성이 들렸다.

"서울 가실 분 계신가요? 한 자리 비었습니다. 서울 가실 분 중에 한 사람만 얼른 타세요."

그 소리에 나는 헐레벌떡 버스에 올라 비어 있는 한 자리로 가서 털썩 주저앉았다. 그러고는 바로 곯아떨어졌다.

얼마 동안을 그렇게 잤을까. 세상모르게 깊은 잠이 들었던 나는 버스가 천안삼거리 휴게소에 들어서자 퍼뜩 잠에서 깨어났다. 침을 질질 흘리며 잤는지 한쪽 입가가 축축했다. 목이 너무 탔다. 우유를 사마시고 싶어 지갑을 뒤적거렸지만 돈이 한 푼도 없었다. 올라오는 차비만 빼고 한 달 월급을 산사의 아주머니에게 다 드린 일이 기억났다.

'아, 그랬지! 이를 어쩌나?'

잠시 고민하던 나는 옆자리에 앉아 있는 남자에게 부탁했다.

"아저씨, 바나나우유 한 병만 사주실래요?"

회사 총무과장으로 여러 사람들에게 부탁하거나 지시하는 것이 몸에 배서 그랬는지 나는 낯선 남자에게 아무 거리낌도 없이 우유를 사달라 했다. 그저 타들어가는 듯한 갈증을 빨리 해결하고 싶은 마음에서였다.

그러자 남자 역시 담담히 지갑에서 1,000원을 꺼내서 내게 내밀었다.

"이걸로 바나나우유 네 개 사다가 뒷자리에 앉은 저 두 분과 나한테도 주세요."

"네, 알겠습니다. 감사합니다."

나는 그 남자가 건넨 1,000원을 받아들고 휴게소로 가서 바나나우유 네 개를 샀다. 그러고는 우유병 하나에 빨대를 꽂아 쭉쭉 빨아 마시며 버스에 올랐다. 그리고 뒷자리에 계신 두 분에게 "이거 드세요" 하며 우유를 건넸다. 두 분은 잘 먹겠다며 웃었다.

그때는 정말 상상조차 못했다. 그날 우유 값을 준 남자가 내 남편이 될 줄은. 그리고 뒷자리에 앉은 두 분이 나의 시작은아버님과 시숙이 될 줄도.

나중에 알고 보니 남편은 고향인 전주까지 가서 선을 보고 올라오는 길이었다. 당시 4급 국가공무원인 남편에게는 좋다는 선자리가 각처에서 들어왔다고 한다. 그날도 형님과 숙부님까지 대동해 전주로 내려가 두 군데 맞선을 보고 올라오는 길이었다.

그런데 웬 낯선 여자가 옆자리에 앉자마자 침을 흘리며 자더니 깨자마자 다짜고짜 우유를 사달라고 하는 어처구니없는 모습이 꽤나 인상적이었던 모양이다. 남편 말로는 그때의 나를 보고 자신이 구원해주지 않으면 안 될 것 같은 마음이 들었다고 하는데, 그 말을 얼마나 믿어야 할지는 모르겠다. 나는 당시 서울로 가면서도 돌아가신 할머니 얘기만을 횡설수설 풀어놓았고, 남편은 그런 나를 연민어린 눈으로 바라보았던 것 같다.

어쨌든 남편은 서울에 도착하자 내게 전화번호를 물어봤다. 그렇게 시작된 우리의 만남이 결국은 결혼까지 가게 된 것이다. 물론 결혼에 장애가 없었던 것은 아니다. 시댁 어르신들은 부모와 일가친척조차 거의 없는 나를 받아들이기 어려워하셨다. 그러나 남편은 모든 맞선을 거부하며 나와의 결혼을 고집했다.

나 또한 남편과의 결혼을 끝까지 포기하지 않은 이유가 있었다. 할머니는 살아생전에 내게 "귀례야, 너는 앞으로 이런 신랑을 만나야 한다" 하시며 누누이 신랑 고르는 법을 가르쳐 주셨다. 그런데 남편은 그 기준에 놀랍도록 딱 들어맞는 사람이었다. 남편은 마치 할머니가 "바로 이 사람이다" 하고 내 앞으로 데려다 놓으신 것 같았다.

남편과 결혼한 이후에 그 생각은 더욱 확고해졌다. 언제나 나를 조용히 지지해주며 우리 가정을 든든히 세워가는 남편은 하나님 앞에 꾸는 꿈을 꼭 실현하라고 하나님께서 내게 보내주신 최고의 동역자이자 조력자였다.

특히 내가 큰 위기를 당했을 때 남편이 과감하게 결단해서 빚을 모두 갚아준 일은 평생 마음에 품은 감사의 제목이다. 그 덕분에 나는 중도에 포기하지 않고 꿈을 향해 끝까지 달려갈 수 있었다. 하나님은 남편과의 만남을 통해 꿈이 좌절될 만한 여러 위기를 이기고 앞으로 전진해 나아갈 수 있도록 인도해 주셨다.

누군가를 위하여

할머니와의 이별로 한동안 넋이 나간 사람처럼 살았던 나는 남편과 만나면서부터 예전의 나로 돌아갈 수 있었다. 평생의 동반자를 만나 사랑하고 결혼하고 첫아이까지 갖게 되자 나는 세상에서 제일 행복한 사람인 것만 같았다.

그렇게 행복감에 취해서인지 할머니가 떠나실 때 내 가슴에 뜨겁게 들어왔던 사명감은 차츰 식어갔다. 잊은 것은 아니었지만 초심을 잃은 것은 사실이었다. 그러던 차에 나는 임신 관련 진료를 받기 위해 집 앞에 있는 강남성심병원을 찾아갔다. 그 날도 내 얼굴에는 행복을 누리는 새댁의 미소가 가득 번지고 있었다.

병원에 들어서서 산부인과 쪽으로 향했다. 그런데 계단을 내려오는 의사를 보고 깜짝 놀랐다. 선덕재 박사님이었다. 한강성심병원에 계셨던 분이 왜 여기에? 알고 보니 박사님은 얼마 전 이 병원 부원장으로 옮겨오신 터였다. 벅찬 반가움을 안고 인사부터 드렸다.

"어머, 세상에! 박사님, 안녕하세요? 저 알아보시겠어요?"

무거워진 몸으로 인사드리는 나를 선 박사님도 한눈에 알아보고 무척 반가워하더니 곧바로 이렇게 인사하셨다.

"결혼 잘했지요? 아마 좋은 사람하고 결혼했을 거예요. 맞죠?"

"네, 맞아요. 좋은 신랑 만나서 잘살아요."

박사님은 나를 보자마자 이사장실에서의 일을 떠올리셨던 것 같다. 나 역시 박사님을 뵙자마자 자동적으로 그때 그 일이 떠올랐다. 그래서

짧게 안부인사를 한 후 바삐 걸음을 옮기시려는 박사님을 향해 이렇게 말씀드렸다.

"박사님, 그간 찾아뵙지 못해 죄송해요. 그치만 그때 제게 당부하셨던 말씀은 꼭 지킬 거예요. 정말이에요, 박사님. 꼭 지킬 거예요."

그 말에 선 박사님은 마치 내 마음을 다 안다는 듯이 빙그레 미소로 답해주셨다.

짧은 순간이었지만 선 박사님과의 만남은 수년간 잠들었던 나의 사명감을 흔들어 깨우기에 충분했다. 나는 마치 별 생각 없이 운전하다가 "목적지까지 앞으로 10km 남았습니다"라고 알려주는 내비게이션을 만난 느낌이기도 했다. 잃었던 길을 다시 찾은 것만 같았던 나는 그 옛날 이사장님과 선 박사님이 하셨던 말씀을 다시 떠올리지 않을 수 없었다. 신랑을 잘 만나 잘살게 되면 그날의 나처럼 오갈 데 없는 이를 살펴주는 사람이 되라 하셨던 그 말들을….

신혼의 달콤한 꿈에 젖어 살던 그 무렵에도 나는 가끔 '내가 어떻게 이런 사람을 만났을까?' 생각하며 감개무량해한 적이 많았다. 그런데 옛날 일을 떠올려 볼수록 그런 남편을 만난 게 나 혼자만 잘 먹고 잘 살기 위함이 아니라 언젠가 우리가 함께 돌아봐야 할 누군가를 위함이었다는 사실을 다시금 깨달았다. 그날 이사장님이 해 주신 예언과 같은 축복의 말을 이루시려고 하늘에서 우리 인생을 굽어보시며 사람의 길을 인도하시는 하나님께서 남편과 나의 걸음을 이끄셨다는 생각에 고개가 저절로 숙여졌다. 남편을 처음 만나게 된 것은 누군가 일부러 그 모든 일을 꾸미지 않았다면 결코 일어날 수 없는 일이기 때문이었다.

병원 로비에 앉아 버스에서 남편과 처음 만났던 기억을 떠올려보니 키득키득 웃음이 나왔다. 그러다 문득 돌아가신 할머니 생각이 이어지는 바람에 이번엔 눈물이 왈칵 쏟아졌다. 그렇게 웃었다 울었다 반복하며 생각에 잠겨 있던 나는 한참 후 자리에서 벌떡 일어나 혼잣말로 중얼거렸다.

"잊지 말라 하시는구나. 정말 그 길을 가야 한다고 하시는구나."

내 인생의 멘토처럼

할머니, 선덕재 박사님, 남편으로 이어지는 만남을 통해 하나님은 내 속에 품은 꿈을 계속 키워가게 하셨다.

그러다 때가 무르익었다고 여기셨는지 또 다른 만남을 예비하셔서 그간 막연하게만 품었던 꿈들을 보다 현실적으로 구체화 할 수 있는 길을 보여 주셨다. 앞에서 소개했던 문정인 권사의 친정어머니 여주기 권사님이 그 주인공이다. 특히 나는 여주기 권사님이 이사장님으로 계신 '한국선의복지재단(이하 선의재단)' 운영이사로 2005년부터 섬기게 되면서 내가 정말 기뻐하는 일이 무엇이고 앞으로 무얼 하며 살아야 할지에 대한 그림을 그릴 수 있었다.

선의재단은 지금으로부터 34년 전, 여주기 권사님을 포함한 세 여인의 새벽기도로 시작된 NGO단체다. 처음엔 소년소녀가장을 돕는 국내

사역에 주력하다가 2001년도부터는 베트남의 선천성 심장병 어린이들에게 무료수술을 제공하는 사업을 중점적으로 펼쳐왔다. 사정상 수술받기 어려운 베트남의 심장병 어린이들을 한국으로 데려와 서울대분당병원이나 부천의 세종병원 등과 연계해 무료수술을 받게 하는 것이다.

그런데 해외에 있는 한 아이를 국내로 데려와 치료해주고 회복될 때까지 도우려면 교통비 등 800만 원 이상의 비용이 필요했다. 그 말은 곧 누군가 800만 원을 기부해야만 한 아이를 데려와 치료할 수 있다는 뜻이었다. 선의재단 운영이사들이 주로 그 일을 맡았다. 한 명이든 두 명이든 후원자가 되어주든지, 혹은 후원자를 연계하는 사업에 발 벗고 나서든지 해야 했다. 마침 나도 그 때쯤 경제력이 회복되어갈 때라 몇 아이들의 치료비를 지불할 수 있었다.

그러자 죽어가던 한 생명이 내 눈 앞에서 파릇하게 살아나는 모습을 보게 되었다. 그 모습에 나는 돈이 이 정도의 가치를 발휘할 수 있다는 사실에 경이로움마저 느꼈다. 죽음에서 생명으로 바꿔 놓는 일, 그것이야말로 주님이 하시는 일이 아닌가! 그런데 돈을 잘 쓰면 우리가 바로 그와 같은 주님의 일을 할 수 있다!

그 생각으로 가슴이 벅차올라서 나는 사람이 왜 돈을 벌어야 하는지, 어떻게 그 돈을 써야 하는지, 무엇을 마음에 두고 살아야 하는지에 대해 거리로 뛰쳐나가 사람들에게 외치고 싶었다.

"여러분, 우리는 열심히 돈을 벌어야만 합니다. 그렇게 번 돈으로 죽어가는 누군가를 살려야 합니다. 우리의 나눔으로 누군가를 살리면 우리는 그 누군가와 함께 천국을 누릴 수 있습니다. 너와 내가 함께 행복하게 사는 것, 그거야말로 진정한 천국이 아니겠습니까?"

내가 이렇게 외치고 싶었던 건, 선의재단의 여러 프로젝트에 참여하면서 내가 직접 돈의 가치를 재발견했고 더 열심히 경제활동을 해야 할 동기부여를 받았으며 '너와 내가 함께 행복한 천국의 기쁨'을 누리며 살았기 때문이었다.

하지만 만일 내가 선의재단에서 일하지 않았다면 그 시절에 그와 같은 기쁨을 알지 못했을지도 모른다. 오랫동안 돈 없이 살다가 점점 주머니에 돈이 생기던 때였기에 나는 그 즈음 돈 쓰는 재미도 쏠쏠하게 느꼈었다. 그러나 이상하게도 명품가방을 하나 사면 두 개 사고 싶고, 자동차를 한 대 사면 더 좋은 차를 사고 싶었다. 소비로 인해 얻는 만족감은 잠시 잠깐일 뿐, 계속해서 사지 않으면 마음이 오히려 더 허전해진다는 걸 알 수 있었다.

그러다 마침 심장병 어린이를 돕는 사역에 참여하면서, 재벌이 아닌 다음에야 명품백이든 자동차든 갖고 싶은 욕심을 내려놓아야 누군가를 도울 수 있다는 사실을 깨닫게 되었다. 가난할 때는 교통비를 아껴서 나누면 최선의 나눔이 되지만, 수입이 증가했다면 교통비 정도가 아니라 가방이나 가구나 옷이나 자동차 사는 일 등을 포기해야 최선의 나눔을 할 수 있기 때문이다.

그래서 나는 가난할 당시 버스 타고 가는 걸 포기하고 걸인에게 1,000원을 건넨 후 걸어서 집까지 갔듯, 부유한 상황일 때 좋은 물건을 사려던 계획을 포기하고 수백 만 원씩, 때로는 수천 만 원씩도 기부했다.

가난할 때든 부유할 때든 자신의 상황에서의 옥합을 깨뜨려야만 나눌 수 있다는 걸 나는 그렇게 경험해 갔다.

그러자 명품백이나 자동차를 살 때 느꼈던 잠깐의 만족과는 비교할 수 없는 희열이 내게 찾아왔다. 그 기쁨이 얼마나 큰지 나는 그걸 "창자가 웃는다"고 표현할 정도였다. 내게 남아도는 것으로 누군가를 돕는 게 아니라 내가 갖고 싶은 것이나 쓰고 싶은 것을 포기하면서 누군가에게 줄 때 그 희열은 더 컸다. 그리고 그런 기쁨을 누릴수록 내 꿈을 현실화하고 싶은 열정이 내 안에서 더욱 불타올랐다.

선의재단의 여주기 권사님은 그런 내 생각을 더욱 확고하게 해주신 분이다. 나는 권사님을 뵈면서 다음 세 가지 점을 그대로 본받고 싶었다.

첫째, 사업가로서의 권사님의 능력이었다. 여 권사님은 한때 남편이 하던 사업이 망하는 바람에 쫓겨 다니셨던 분이다. 그러나 그 모든 어려움을 딛고 일어나 마침내 재기에 성공했으며 사업가로서도 이름을 떨쳐 한때는 여성경제인협회 부회장까지 역임하셨다.

둘째, 그 일으킨 사업으로 선의재단을 세워 어려운 이웃을 돌보는 데 온 마음을 쏟으셨다는 점이다. 보통 사업에 실패했던 사람이 재기에 성공하면 성공을 지키기 위해서만 모든 노력을 기울이는데, 권사님은 오히려 NGO 단체인 선의재단을 창설해서 기업의 수익금으로 어려운 이들을 돕는 일에 온 생애를 바치다시피 하셨다. 이런 모습이야말로 이 땅에 살면서도 하나님의 나라를 가슴 깊이 소유한 사람의 특징이 아닌가 싶다.

셋째, 권사님은 그 자녀들 모두를 빛과 소금이 되도록 안내하셨다. 한 분 한 분 다 소개할 수는 없지만 권사님의 자녀들은 모두 일류대학을 나온 데다 성품도 하나같이 예수님을 닮았다. 더욱 존경스러운 건 그렇게 훌륭하게 자란 자녀들에게 선의재단의 일을 하도록 이끄셨다는 것이다. 자식들에게 이 세상에서의 성공보다는 하나님 나라의 일을 가슴에 품고 살도록 교육한 권사님을 뵈며 나는 진정한 명문 가문의 모델을 보았다.

그 때문에 나는 세계의 어느 재벌이나 어느 가문보다 여 권사님 같은 가문을 세우고 싶었고, 여 권사님처럼 살고 싶었다. 여주기 권사님의 사역과 삶에서 나는 그렇게 내가 꿔왔던 꿈의 실체를 발견하고는 마침내 이런 다짐을 날마다 하게 되었다.

'나도 열심히 일해서 권사님처럼 경제적 능력을 키운 후 어려운 이웃을 돌아보는 NGO를 세우리라. 그리하여 이 나라 방방곡곡과 전 세계의 도움이 필요한 내 이웃에게 사랑을 전하리라. 그리고 사랑하는 내 자식들을 믿음으로 잘 키워서 대를 이어 이 일에 헌신하게 하리라…'

영적 은사님이 알려주신 길대로

2011년에 이르자 하나님께서는 드디어 NGO단체를 설립하라는 몇 가지 사인을 주셨다. 그 중 하나가 이 일을 시작하고 추진할 만한 통찰력과 영성을 지닌 박준형 목사님과의 만남이었다. 젊고 패기에 찬 박 목사님을 만나면서 이 분과 함께라면 이 일을 시작해 볼 수 있겠다는 용기가 생겼다.

그러나 무언가를 시작한다는 것, 더구나 내 개인의 영리 사업이 아니라 하나님의 사랑을 전하는 일을 한다는 건 설렘을 넘어 두렵고 떨리는 일이기도 했다. 하나님께 물었다.

"어디서부터 어떻게 이 일을 시작해야 할까요?"

이 질문을 드리자 하나님께서는 문득 하용조 목사님과의 어느 한 날을 떠올리게 하셨다.

1998년도쯤이었던 것 같다. 당시 고1이었던 큰딸이 어느 날 가출을 했다. 중1때인가 매를 든 엄마에게 분노해서 딱 한 번 가출한 적이 있었지만(그때는 전적으로 내 잘못이 컸다), 고등학교에 들어간 이후로는 별다른 마찰 없이 학업에도 성실히 매진했던 터라 가출을 하리라곤 생각지도 못했다. 워낙 착하고 순종적인 아이였기 때문에 질풍노도의 시기에 평소 배출하지 못했던 불만이 쌓여 그랬는지도 모르겠다.

어쨌든 엄마인 나는 큰딸의 가출 소식에 초주검 상태가 되어버렸다. 세상물정을 모르는 순진하고 여린 이 아이가 어떤 험한 곳에서 해코지를 당하는 건 아닌가 싶어 물 한 모금도 제대로 삼킬 수 없었다. 며칠이 지나도 소식이 닿지 않자 나는 정신마저 아득해져서 곧 쓰러질 것만 같았다.

그러다 금요일 새벽, 쓰러지려는 몸을 이끌고 교회로 갔다. 마침 하용조 목사님께서 아픈 몸을 이끌고 특별새벽기도회를 인도하고 계셨다. 그런데 그날따라 기도회를 인도하시던 목사님이 기도제목이 있는 사람은 앞으로 나오라 하셨다. 앞으로 뛰쳐나간 나는 내 차례가 돌아오자 목사님께 말씀드렸다.

"목사님, 제 딸이 집을 나갔어요."

보통 그렇게 말하면 기도해 줄 사람이 뒤에 너무 많이 밀려 있는 시각이라 얼른 기도해주고 끝내기 마련이다. 그때도 그러실 것 같아서 눈을 감으려 하는데 목사님께서 나를 측은히 바라보시며 이렇게 물었다.

"언제 나갔어?"

사람의 마음과 마음이 이어지는 데는 많은 말, 많은 시간이 필요하지 않다는 걸 그때 알았다. 곧바로 기도하지 않고 한 번 더 물어주시는 목사님의 표정과 음성에서 나는 성도를 사랑하는 목자의 진실한 마음을 충분히 느낄 수 있었다.

"5일 됐어요."

"그래, 우리 기도하자."

목사님은 마치 친딸을 위해 기도하시듯 나를 붙들고 간절히 기도하기 시작하셨다. 그 순간 나를 향한 하나님의 마음이 뜨겁게 느껴졌다. 그래서였을까. 나를 붙든 목사님의 손길을 통해 갑자기 뜨거운 불덩어리가 내 몸 안으로 순식간에 확 밀려들어왔다. 평소 말씀 중심의 신앙을 교육받아왔던 터라 나는 예언이나 환상 등 신비주의적인 체험에 비중을 두고 신앙생활을 한 적이 별로 없었다. 그런 내게 하나님께서는 뜨거운 불로 내 온몸을 감싸 안았다. 나는 마치 뜨거운 온천 사우나에 들어간 것만 같았다. 그 성령의 불길 속에서 나도 모르게 한참 동안 눈물 콧물을 흘리며 통회 자복하게 되었다.

내 모든 죄악을 태워 없애는 성령의 불길을 받고 얼마 동안을 그렇게 회개했을까. 어느 순간에 기도가 멈춰지더니 이번엔 뭐라 표현 못할 평화가 내 맘 속에 물밀 듯이 밀려오기 시작했다. 내 딸이 집을 나간 이후 죽을 것 같은 고통과 초조함에 시달리던 내게 어떻게 이런 평화가 찾아올 수 있는지 모를 일이었다. 아무런 걱정도 두려움도 염려도 없었다. 정말 세상이 줄 수 없는 완전한 평화가 나를 지배했다. 이제 모든 문제가 해결되고 기도를 응답해 주시리라는 확신이 들었다.

그런데 집에 돌아와 10시 쯤 되었을 때 전화 한 통이 걸려왔다.

"거기 신귀례 씨 맞습니까? 여기 파출소인데요, 딸이 여기 있으니 빨리 와서 데려가세요."

한달음에 파출소로 달려가 보니 큰딸이 의자에 앉아 있었다. 겁이 많아서 일탈이라곤 해 본 적 없던 딸이 노래방에 얌전히 숨어 지내다 경찰에게 발견된 것이었다. 며칠 동안 하나님께서 딸을 안전하게 보호해 주셨음에 감사드렸다.

그때로부터 약 13년이 지난 2011년도에 이르러 "어디서부터 어떻게 NGO단체를 설립해야 할지"에 대해 기도할 때였다. 자꾸만 하용조 목사님과 함께 기도하다 성령의 불길 가운데 내 마음이 녹아버렸던 상황이 떠올랐다. 그러고 보니 하용조 목사님께 로마서강해를 들을 때도 비슷한 일이 있었다. 내가 얼마나 지독하고 불완전한 죄인인지를, 그래서 우리는 반드시 예수님의 보혈 아래 들어가 속량함을 받아야 한다는 사실을 깨닫고 내 마음이 얼마나 녹았었는지 모른다.

이런 일들을 계속 생각하다 보니 어느 순간 깨달을 수 있었다. 기도가 먼저임을 알려주시기 위해 하나님께서 자꾸만 그때 그 일들을 떠올리게 하시는 것 같았다. 고통의 문제를 해결할 때도 그렇지만, 새로운 일을 시작하는 설렘의 희망 앞에서도 먼저 하나님 앞에 충분히 엎드리는 게 순서임을 그분은 알려주고 싶어 하셨다.

'그래, 기도해야 죄인인 내가 새로워지고, 기도해야 불완전한 나의 생각이 올바른 길을 찾게 된다.'

그래서 나는 우선 박준형 목사님과, 하나님 은혜로 잘 자라 사회복지학을 전공한 큰딸을 데리고 기도모임을 하기 시작했다. 이웃을 돌아본다는 명목 하에 우리 자신의 목소리가 높아지지 않기 위해, 도움이 필요한 이웃에게 사랑으로 다가가는 NGO단체를 설립하기 위해 우리는 1년 간 오직 기도 모임에만 집중했다.

이 기도모임을 위해 우리 세 사람은 각자의 자리에서 헌신해 가기 시작했다. 사무국장으로 섬기게 된 박준형 목사님은 스카웃제의를 받은 대기업으로의 진출을 포기했고, 큰딸은 기도모임 때마다 한 사람 두 사람 늘어가는 인원수를 체크하며 도시락을 싸오는 수고를 감당했다. 그리고 나는 박 목사님께 생활비를 대드리는 일부터 우리 단체가 함께 일할 수 있는 공간을 마련하는 일, 개인후원자들과 기업후원자들을 모집하는 일을 감당하며 여기저기 뛰어다녔다.

그렇게 1년간 기도모임을 하며 준비한 끝에 2016년 6월, 드디어 우리의 오랜 꿈의 결실인 '유어프렌즈'가 설립되었다. 사무실 벽에는 다음과 같은 문구를 붙여놓았다.

"도움이 필요한 이들에게 친구가 되어주는 – 유 어 프 렌 즈"

우리가 꿈꾸는
유어프렌즈

친구가 되려면

"널리 알려지든 알려지지 않든, 인정을 받든 인정받지 못하든 우리는 다만 '그리스도인'으로 살아야 합니다. 우리는 모두 유어프렌즈의 이사와 스텝으로 부름 받아 살아가는 사람들이니까요. 부름 받아 산다는 것은 주님의 이름을 드러내고 사는 일입니다. 짐 엘리엇이 '하나님은 나의 산성'이라 말하며 그분을 드러냈듯 우리의 삶에서 그리스도를 드러내고 가난하고 약한 사람들을 돕는, 그들의 친구로 사는 여러분들이 되시기를 주의 이름으로 축원합니다."

얼마 전 유어프렌즈의 사무국장인 박준형 목사님이 이사들과 전 스텝이 모인 기도모임에서 전한 말씀이다. 이 말씀에서도 강조하듯 유어프렌즈는 '도움이 필요한 이들에게 친구가 되어주자'라는 모토로 시작한 NGO다. 그동안 우리는 진정한 친구가 되어주시는 예수님의 사랑을 배우지 않으면 그 사명을 온전히 감당하기 어렵다는 걸 충분히 실감할 수 있었다.

그렇다면 어떻게 해야 많은 이들에게 친구가 될 수 있을까?

우리가 예수님에게서 배운 내용은 그리 복잡하지 않았다. 고통으로 울고 있는 이들에게 다가가 마음으로 눈물을 닦아주고, 내 주머니를 털어 따뜻한 밥 한 끼 나눌 수 있으면 된다. 친구란 바로 그런 존재가 아니겠는가. 서로의 짐을 다 들어줄 순 없어도 처진 어깨 한 번 다독여주고 아플 때 약 봉지 들고 찾아가 병 낫기를 위해 기도해 주는 사람이 되어주는 것.

이를 위해 유어프렌즈는 꼭 필요한 곳에 필요한 것들을 흘려보내는 NGO가 되기를 날마다 기도한다. 그래서 죽음에서 생명으로 바뀌는 일들이 전 세계에서 나타나기를 소망한다. 절실한 도움이 필요한 이웃에게 친구가 되어주는 것이 유어프렌즈가 달려갈 지향점이다.

유어프렌즈를 섬기는 동안 나는 많은 이들에게서 감동을 받는다. 세상에는 자기 혼자 잘 먹고 잘사는 데만 끝없이 몰두하는 이도 많지만, 자신이 할 수 있는 최선의 섬김으로 이웃의 친구가 되어주는 이들도 생각보다 많다는 사실을 발견했기 때문이다.

지난 5년 간 유어프렌즈가 전 세계의 많은 이웃들에게 예수님의 사랑을 실제적으로 전해줄 수 있었던 이유는 언제나 묵묵히 후원해주신 분들과 이름 없이 자원하여 봉사해주신 분들이 있었기 때문이다. 그 분들 한 사람 한 사람이야말로 유어프렌즈의 주역들이자 우리 이웃의 진정한 친구들임을 이 지면을 빌려 다시 한 번 강조하고 싶다.

아이들이 꿈꾸는 세상을 위하여

최근 유어프렌즈 해외사업부에서 특별히 관심을 기울이고 있는 나라는 필리핀이다. 이 나라는 국가 GDP는 세계 37위인 반면 1인당 GDP는 128위(2017년 기준)에 머물 정도로 빈부격차가 심해서 가난한 사람들의 생활수준이 최빈국에 가깝다. 이에 구호사업의 필요성을 절감하여 2015년 7월 '필리핀 유어프렌즈 지부'를 설립하게 되었다

필리핀 유어프렌즈 지부에서는 우선적으로 깔리난 지역 12명의 학생들에게 급식 지원 사역을 시작했다. 활동 중인 다른 NGO와 협력해 개발의 손길이 닿지 않는 지역 학교의 지붕과 창문을 수리하는 일 등도 힘껏 도왔다. 그러나 미약하나마 이러한 사역을 하면 할수록 외적 지원만으로는 그들의 문제를 근본적으로 해결해줄 수 없음을 알게 되었다.

필리핀 유어프렌즈가 현지 카우바난(Kaubanan) 재단과의 협력 속에 돌보고 있는 바자우족 어린이들만 봐도 그랬다. 바다집시로 알려진 바자우족이지만 그들은 어업만으로는 생계를 이어갈 수 없어서 주로 구걸하며 생활을 연명한다. 2010년 화재로 주거지역이 폐허가 된 뒤부터는 쓰레기더미 위에 임시로 수상가옥을 세워 마을을 이루어 사는 터라, 그

들이 처한 환경의 열악함은 말로 다할 수가 없을 정도다.

더욱 심각한 문제는 공교육조차 받을 수 없는 대부분의 아이들이 부모가 구걸하러 나간 사이 집에 방치될 수밖에 없다는 현실이다. 그 속에서 아이들은 10대 초반에 성관계를 가져 임신하는 경우가 비일비재하다. 그렇게 되면 부모가 된 10대 청소년들은 제대로 된 직장을 갖지 못할 뿐 아니라 자신들의 부모처럼 아이들을 방치한 채 거리로 나가 구걸을 한다. 바자우족은 이와 같은 악순환에서 벗어나지 못하고 있는 것이다.

이와 비슷한 상황은 절대가난을 겪고 있는 여러 지역에서 비슷하게 나타나고 있다. 한 화전민 부족도 마찬가지다. 그들은 옥수수, 고구마, 호박 등을 수확하여 주식으로 삼으며, 멧돼지 등을 사냥해서 소득을 얻는 등 나름대로 열심히 살아가려 노력한다. 그럼에도 높은 문맹률과, 조기결혼으로 인해 높아진 유아사망율, 각종 질병에 노출될 수밖에 없는 열악한 환경은 그들의 발목을 잡아 오래 전부터 대를 이어 전수되고 있는 실정이다. 설상가상으로 그 부족의 청소년들은 음식을 제공하며 접근하여 총기 다루는 기술을 가르쳐주는 테러 조직에 빠지는 경우가 많다. 그렇게 되면 그들은 평생 테러리스트로 살아갈 수밖에 없다.

이와 같은 악순환의 근본 원인은 단순히 의식주의 문제 때문만은 아니다. 삶의 의미와 가치, 방향성과 가능성을 가르쳐주는 교육의 부재 때문이라 볼 수 있다. 이 말은 곧 그들에게는 '양식'과 함께 '교육'이 절대적으로 필요하다는 뜻이다.

그동안 유어프렌즈뿐 아니라 여러 NGO와 봉사단체들이 바자우족이나 화전민 부족을 위해 음식과 물을 제공하고 쓰레기를 치우는 등의 지원을 아끼지 않았지만, 이들의 삶이 다시 제자리로 돌아갈 뿐 개선될 여지가 보이지 않았다는 점은 이를 반증해준다.

따라서 유어프렌즈 필리핀 지부에서는 그들에게 가장 필요한 교육사업에도 힘을 모으기로 했다. 바자우족의 미혼모 혹은 편부모 가정을 대상으로 인성교육, 예절교육, 언어교육 등 여러 기초교육을 실시할 계획을 갖고 추진 중인 'Day Care Center'가 그 한 일환이다.

아직은 모든 면에서 부족하고 미미하지만 유어프렌즈가 세계 어느 나라의 누구를 돕든 양식뿐 아니라 이처럼 교육사업을 함께 병행하기로 한 것은 매우 의미 있는 일이라고 본다. 더구나 교육사업은 복음 전파의 비전과도 연결되는 일이라 더욱 그렇다. 올바른 삶의 가치를 알려줌으로 삶의 방향성을 제시하는 것이 교육의 목표라면, 복음이야말로 그 안에 필요한 모든 것을 다 담고 있지 않은가.

이와 같은 일들로 인해 나는 유어프렌즈를 섬기며 기도할 때마다 가슴이 뛴다. 세계 오지 어딘가에서 빛을 보지 못한 채 숨죽여 살아가는 배고픈 아이들에게 먹을 양식을 나눠줄 뿐 아니라 연필을 쥐어주고 그리스도의 복음을 심어주다 보면, 그들 중에는 분명 빛을 보고 꿈을 꾸며 믿음으로 소망을 이루는 아이들이 생겨나리라는 확신이 찾아들어서다.

꿈꾸는 아이들이 하나둘 생겨나는 것만큼 희망적인 일이 어디 있을까? 아무리 악순환이 반복되는 땅이라 해도 아이들이 꿈꾸기 시작하면 그 땅의 구습은 끊어지지 않을 수 없다. 간절한 씨앗의 꿈은 딱딱하게 말라붙은 땅도 뚫고 나오는 힘을 지니고 있기 때문이다. 그리하여 그 땅에 새싹이 돋고 나무가 자라며 결국엔 좋은 열매도 맺게 되리라고 나는 믿는다. 그렇게 꿈꾸는 아이들로 인해 더 많은 행복의 열매가 열리는 세상! 유어프렌즈는 그 세상을 꿈꾸며 오늘도 전 세계로 나아간다.

나는 너에게 너는 나에게

우리가 꿈을 꾸면 과연 그 꿈이 이루어질까?

그에 대한 내 대답은 "예스"다. 우리가 꾸는 꿈이 하나님이 기뻐하실 만한 꿈이라면, 하나님은 우리 인생의 만남과 사건을 통해 그 꿈을 이룰 수 있도록 인도하신다.

내 인생의 지난 시간들은 이에 대한 하나의 증거가 아닐까 싶다. 내가 꾸는 꿈이 나를 향한 하나님의 꿈과 합해질 때, 그분은 내 인생의 시간 속으로 들어오셔서 그 꿈을 이루기 위해 쉬지 않고 일하신다. 필요한 만남도 조성하시고 필요한 지혜와 능력과 물질도 부어주신다. 때론 그 꿈을 포기하지 않도록 내 인생에 개입하셔서 직간접적으로 말씀해 주시기도 한다.

내가 꾸는 꿈은 특별히 돈과 관련되어 있다. 그래서인지 하나님은 '어떻게 돈을 벌 것인가'란 문제부터 '어떻게 돈을 관리하고 증식하며 누리고 나눌 것인가'의 문제까지 돈에 관해 철저히 연구하며 살게 하셨다. 그게 바로 내 사명이기 때문이다.

나는 필요한 곳에 돈이 공급되면 굶주리던 아이 얼굴에 생기가 도는 것을 보았다. 공부하고 싶어 하던 아이의 눈빛에 총기가 도는 것도 보았다. 병들어 신음하던 아이의 심장이 건강하게 뛰게 되는 모습도 보았고, 홀로 외로운 노년을 보내던 어르신들의 얼굴에 행복한 웃음이 피어오르는 장면도 보았다. 이 모든 모습은 돈의 선순환으로 인해 생겨난 회복의 증거들이다.

내가 이 같은 열매를 볼 수 있었던 이유는 결국 돈에 대한 모든 것을 성경에서 배웠기 때문이다. 만약 내가 그렇지 않았다면, "개 같이 벌어 정승처럼 쓴다"는 속담대로 수단과 방법을 가리지 않고 돈을 벌고 나 한 사람 잘 먹고 잘 살기 위해 돈을 쓰는 사람이 되었을지 모른다. 또한 사업이 망하는 위기가 닥쳤을 때에 절망의 자리에서 일어나지 못했을지도 모른다. 그러나 성경은 그 많은 위기 속에서도 꿈을 꿀 수 있도록 가르쳐 주었고, 돈이 생명의 꽃을 피우게 하는 씨앗이 될 수 있음을 알려주었다.

그래서 나는 내가 배운 이 원리들을 자녀들에게, 또 이 땅의 더 많은 사람들에게 알리는 것을 2차적 사명이라 여기며 살고 있다. 나의 세 자녀들에게 어릴 때부터 성경을 펴놓고 경제교육을 꾸준히 시켰던 것도 그런 이유에서다. 나는 이미 우리 아이들에게 우리가 가진 것의 절반은 이웃을 위해 기부할 것이라고 선언했다. 유어프렌즈로 시작한 이 나눔의 운동을 자녀들에게 유산으로 물려주어서, 엄마 때보다 더 많이 나누고 더 많이 섬기는 유어프렌즈로 나아갈 것을 당부하기도 했다. 그저 물려받거나 주어진 대로만 살지 말고, 어떻게 해야 그것을 배가시켜 더 많이 나눌 수 있는지를 알아가는 자녀들 인생이 되기를 축복하며 기도해 주고 있다. 우리 자녀들이 예수님께서 달란트 비유를 통해 가르쳐주신 삶 대로 살아가기를 바라는 마음에서다.

이 땅에는 전혀 꿈을 꿀 수 없는 밑바닥에서도 포기하지 않고 꿈을 꾸며 일어선 수많은 사람들이 있다. 그런 사람들은 그 과정의 연단으로 인해 어떤 풍파를 맞아도 무너지지 않는 견고한 사람들이 되었기 때문이다. 그들은 어려운 이웃의 마음을 공감하는 넉넉한 나눔의 부자가 되어 남다른 삶의 품격까지 보여주고 있다.

나는 오늘도 내 자녀들과 이 땅의 소중한 우리 젊은이들이 나눔의 부자가 되기를 꿈꾸며 청지기로 살아가는 용기를 발휘하길 소망한다. 그곳에서 성경의 원리를 따라 최선을 다해 섬기며 그 손을 통해 하는 일로 복 받기를, 그리하여 그 받은 것을 가지고 어려운 이웃에게 가까이 다가가는 친구로 살 수 있기를 기도한다. 우리가 그렇게 서로가 서로에게 친구가 되어줄 때 이 땅에는 진정한 천국이 임할 것이다.

오늘도 나는 더 멋진 꿈을 꾼다.
이순(耳順)이 지난 나이지만 이미 무언가를 이루었다 여기지 않고, 지금 시작하는 자세로 더욱 열심히 경제활동을 하고 성실하게 증식해서 더 넉넉히 나누는 부자로 살 수 있기를 바란다. 그렇게 살아가는 내 인생을 통해 많은 사람들에게 더 큰 행복을 안겨 주고 떠날 수 있기를 바라면서, 긍정과 열정을 품고 치열한 삶의 현장 속으로 뛰어 들어간다.
그러다 나도 모르게 행복한 미소를 짓는다. 아프고 소외된 이들의 친구가 되어주려고 그토록 열심히 뛰어갔는데, 이제 보니 그들 역시 나를 안아주려고 손짓하며 내게로 달려오기 때문이다. 서로가 서로에게 친구가 된 우리들의 사랑이 이미 이 땅의 경계를 넘어 세상 끝까지 번져 나가고 있다.

• • •

내 계명은 곧 내가 너희를 사랑한 것 같이
너희도 서로 사랑하라 하는 이것이니라 사람이 친구를 위하여
자기 목숨을 버리면 이에서 더 큰 사랑이 없나니
너희가 나의 명하는 대로 행하면 곧 나의 친구라 [요 15:12-14]

인생을 바꾸는 더 멋진 협상

초판 1쇄   2017년 12월 12일

지은이   신귀례
펴낸이   전호림
책임편집   권병규
마케팅   박종욱 황기철 김혜원

펴낸곳 매경출판㈜
등록 2003년 4월 24일(No. 2-3759)
주소 (04557) 서울시 중구 충무로 2(필동1가) 매일경제 별관 2층 매경출판㈜
홈페이지 www.mkbook.co.kr   **페이스북** facebook.com/maekyung1
전화 02)2000-2630(기획편집) 02)2000-2645(마케팅) 02)2000-2606(구입 문의)
팩스 02)2000-2609   **이메일** publish@mk.co.kr
인쇄·제본 ㈜M-print   031)8071-0961
ISBN 979-11-5542-791-0(03320)

이 도서의 국립중앙도서관 출판예정도서목록(CIP)은 서지정보유통지원시스템 홈페이지(http://seoji.nl.go.kr)와
국가자료공동목록시스템(http://www.nl.go.kr/kolisnet)에서 이용하실 수 있습니다.
(CIP제어번호 : CIP2017032321)